应用型教育数智化财会专业"十五五"系列教材
校企合作精品教材

U0641889

财务会计实训与数据分析

主　编　何　洪　王小捷　李　颖

副主编　陈　莹　王珏鳗　谢计生

参　编　陈露超　何靖靖

华中科技大学出版社
http://press.hust.edu.cn
中国·武汉

内 容 简 介

数字经济时代催生财务人才能力新标准，本教材贯彻"岗课赛证"融通的职业教育理念，由多所职业院校联合厦门科云信息科技有限公司等业内企业共同开发，构建"理论筑基＋项目实训＋数据赋能"三维培养体系，适配职业院校会计事务、大数据与会计等专业人才培养需求。

本教材注重理论与实践相结合，贯穿了"凭证—账簿—报表"全流程实操，配备制造企业30 天完整业务链，采用电子票据仿真实训。

本教材的内容具有以下三大创新特色。

第一，新形态教材＋数字资源包：支持扫码获取票据填制指引、微课视频库。

第二，分层实训体系：设置"财务基础核算—综合能力提升—数据分析"三步进阶实训，对接"1+X"证书考核标准。

第三，校企合作共同开发：集成厦门科云信息科技有限公司财务数据分析系统，实现智能学、做、评等功能。

本教材以"教—学—做—评"四维联动为设计内核，深度融合企业真实业务场景与前沿数字工具，打造沉浸式业财融合学习体验，助力学生实现从传统核算型财务人员向智能分析型财务人才的转型升级。本教材适用于职业院校"财务会计实训""财务大数据分析"等课程，以期能为数字经济时代输送懂业务、精数据、善决策的复合型财务人才。

图书在版编目（CIP）数据

财务会计实训与数据分析 / 何洪，王小捷，李颖主编. -- 武汉 : 华中科技大学出版社，2025. 7. -- ISBN 978-7-5772-1848-9

Ⅰ. F234.4

中国国家版本馆CIP数据核字第2025TL6164号

财务会计实训与数据分析　　　　　　　　　　　　　　　　　　何洪　王小捷　李颖　主编
Caiwu Kuaiji Shixun yu Shuju Fenxi

策划编辑：聂亚文

责任编辑：陈　孜

封面设计：孢　子

责任监印：曾　婷

出版发行：华中科技大学出版社（中国·武汉）　　　　电话：（027）81321913
　　　　　武汉市东湖新技术开发区华工科技园　　　　邮编：430223

录　　排：武汉创易图文工作室

印　　刷：武汉市籍缘印刷厂

开　　本：787 mm×1092 mm　　1/16

印　　张：9.25

字　　数：217 千字

版　　次：2025 年 7 月第 1 版第 1 次印刷

定　　价：42.00 元

序言

会计专业是一门实践操作性较强的专业,财务会计实训是会计专业课堂理论知识的延续,是会计实践性教学活动的一个重要组成部分,是理论联系实践、培养学生形成会计核算技能必不可少的教学环节。

随着数字经济时代的到来,会计职业能力正面临智能化转型的挑战。为贯彻"岗课赛证"融通的职业教育理念,落实《职业教育专业目录(2021 年)》对财务人才"大数据 + 会计"的复合能力要求,我们以《小企业会计准则》《会计基础工作规范》等为基准,结合职业院校学生认知规律,校企合作共同开发了这本"理实一体化"的实训教材。

本教材通过"凭证—账簿—报表"全流程仿真实训,夯实会计核算基础能力;引入 Excel 数据透视表等工具,培养财务数据分析能力;在大数据的背景下,使用大数据分析工具进行采购业务、销售业务的完成情况及计划执行情况分析,供应商与客户评价分析,资产负债表与利润表内主要科目结构及趋势变动分析,主要财务指标的计算及行业对比分析,并进行可视化呈现。

本教材模块三至模块六内容设置"实训要求""实训资料""实训指导""实训延伸""实训体验"等部分,并着重突出"实训指导"和"实训体验"两部分内容,以提高学生的动手能力。最后以一家小型制造企业一个月的主要经济业务为例,让学生进行仿真会计实务演练,充分体现了教学内容的实用性。本教材中所提供的票据、单证样式均来自实际工作场景,内容极具实操价值。学生通过独立完成实训内容,将有助于进一步学习会计专业的后续课程,并为将来从事会计工作或其他与会计相关的工作打下坚实的基础。

本教材立足数字经济时代小微企业经营的特点精心编撰,具备三大核心特色:其一,内容体系全面覆盖小型制造企业全周期经济业务,通过典型业务场景全景式呈现会计核算全流程;其二,实训设计高度还原真实财务场景,采用仿真实务票据与标准化操作流程,确保业务场景与企业实务精准对接;其三,创新性模块化设计,有效适配多层次教学需求。本实训课程共 40 学时,并配有多媒体教学课件和操作动画视频,对模拟企业发生的每一笔经济业务都进行详细讲解和指导，并提供参考答案。

学习时间分配建议表（供参考）

实训模块	实训内容		教学时数（学时）			
			辅导	实习	机动	合计
模块一	公司概况		1			1
模块二	会计核算政策和核算程序					
模块三	经济业务核算	项目一 原始凭证	1	1		14
		项目二 记账凭证	1	5		
		项目三 会计账簿	1	2		
		项目四 会计报表	1	2		
模块四	财务数据分析		1	4		5
模块五	综合实训		1	9		10
模块六	模拟实训		1	9		10
合计			8	32		40

本教材既可作为职业院校财会专业立体化教学用书，又可作为全国会计技能大赛选手的进阶训练参考书，更能为小微企业财务从业者提供"学练用一体化"的专业成长解决方案。

本教材由海南省财税学校何洪、王小捷和海南省经济技术学校李颖担任主编，海南省农业学校陈莹、厦门科云信息科技有限公司谢计生和海南省财税学校王珏鳗担任副主编，海南省财税学校陈露超、何靖靖、庄惠惠参编。

本教材在编写过程中得到了厦门科云信息科技有限公司的大力支持，校企合作共同开发了本教材。由于编者水平有限，错误之处在所难免，敬请各位读者批评指正，信息反馈和索要本教材资源请发送邮件至 cwkjsxysjfx@163.com 邮箱。

编　者

2025 年 6 月

目录

模块一
公司概况

佛山市金菱有限公司是一家民营的有限责任公司,生产销售 A、B 两种产品。

一、公司基本信息

（1）企业名称:佛山市金菱有限公司。
（2）地址、邮编:佛山市南江二路 26 号、570000。
（3）电话:0757-8637××××。
（4）纳税人识别号:91440503190123××××。
（5）开户银行:中国建设银行南江支行。
（6）账号:110063156000226××××。

二、财务人员信息

（1）法人代表:李晓林。
（2）会计主管:王阳。
（3）会计:周晓红。
（4）出纳:陈青青。

模块二
会计核算政策和核算程序

一、公司相关会计核算政策

（1）公司以我国《小企业会计准则》和《会计基础工作规范》等为基准。

（2）公司经国家税务总局佛山市税务局认定为增值税一般纳税人，增值税税率为13%，城市维护建设税税率为7%，教育费附加税率为3%，企业所得税税率为25%（企业所得税实行查账计征，按季预缴及计提、年终汇算清缴）。

（3）采购和销售业务的单价均为不含税价格。

（4）主营业务：生产销售 A、B 两种产品。

（5）生产组织形式和工艺流程：设有一个基本生产车间，单步骤大批量重复生产 A、B 两种产品。

（6）单位成本计算保留两位小数，分配率计算保留四位小数，其他会计核算均保留两位小数。

（7）存货按实际成本计价，发出存货成本于月末采用一次加权平均法，产生的尾差由结存存货承担。

（8）企业有一个基本生产车间，生产 A、B 两种产品，按品种法计算产品成本。生产用材料全部外购，原材料在生产开始时一次投入，当在产品完工 50% 的进度时，按约当产量法计算完工产品成本和月末在产品成本。制造费用按产品生产工时比例分配，尾差由 B 产品承担。按约当产量法分配时，单位成本（分配率）保留两位小数，产生尾差由在产品承担。

（9）固定资产折旧方法采用年限平均法，按月综合折旧率 0.5% 计提。

（10）各类社会保险及经费的计提比例如表 2-1 所示。

表 2-1　各类社会保险及经费的计提比例明细表

类别	养老保险	医疗保险	失业保险	工伤保险	生育保险	住房公积金	工会经费	职工教育经费
企业负担	20%	12%	2%	2%	1%	12%	2%	2.5%
个人负担	8%	2%	1%	—	—	12%	—	—

需要说明的是，职工福利费按实际发生数列支，不按比例计提；各类社会保险金当月计提；按照国家有关规定，公司代扣代缴个人所得税，其费用扣除标准为每月 5000 元。

由个人承担的社会保险费、住房公积金在缴纳时通过"其他应付款"科目进行核算。个人所得税由公司代扣代缴，通过"应交税费"科目进行核算。

（11）费用处理。

差旅费报销单须出差人本人签字，由部门经理、财务经理审批。差旅费相关规定：途中补贴为每人每天 180 元（含交通补贴），住宿费标准为每人每天 350 元（不含税）；餐费实报实销。

（12）坏账损失处理。

除应收账款外，其他的应收款项不计提坏账准备。按应收账款余额百分比法计提坏账准备，提取比例为 0.5%。

（13）财产清查处理。

公司每季度末对存货及固定资产进行清查,根据盘点结果编制"盘点表",并与账面数据进行比较。

（14）采用科目汇总表核算形式,全月汇总一次。

（15）每月末将各损益类账户余额转入本年利润账户,损益结转采用账结法,结转时按收入和支出分别填制记账凭证。

（16）利润分配。

根据公司章程,公司税后利润按以下顺序及规定分配:

①弥补亏损。

②按 10% 提取法定盈余公积。

③按 30% 向投资者分配利润。

二、期初余额

记账凭证的明细科目需要根据企业预设科目填列。库存现金日记账需要日结,银行存款日记账无须日结。往来明细账（应收/应付账款、预收/预付账款）不需要本月合计。2024 年 5 月佛山市金菱有限公司科目期初余额具体内容如表 2-2 所示。

表 2-2　2024 年 5 月佛山市金菱有限公司科目期初余额表（元）

序号	科目编号	科目名称	方向	借方金额	贷方金额
1	1001	库存现金	借	9000.00	
2	1002	银行存款	借	985996.48	
3	100201	建行存款	借	985996.48	
4	1122	应收账款	借	580000.00	
5	112201	佛山市天艺批发公司	借	80000.00	
6	112202	佛山市安顺公司	借	500000.00	
7	1403	原材料	借	59530.00	
8	140301	A 材料	借	32250.00	
9	140302	B 材料	借	27280.00	
10	1405	库存商品	借	1877500.00	
11	140501	A 产品	借	897500.00	
12	140502	B 产品	借	980000.00	
13	1601	固定资产	借	1566370.00	
14	1602	累计折旧	贷		670000.00
15	2001	短期借款	贷		350000.00
16	2202	应付账款	贷		362000.00

序号	科目编号	科目名称	方向	借方金额	贷方金额
17	220201	佛山市供电公司	贷		112000.00
18	220202	佛山市烽化公司	贷		250000.00
19	2211	应付职工薪酬	贷		373478.00
20	221101	工资	贷		373478.00
21	2221	应交税费	贷		101318.48
22	222103	应交增值税	贷		91000.00
23	22210301	进项税额	借	624000.00	
24	22210302	销项税额	贷		715000.00
25	222105	应交城市维护建设税	贷		6370.00
26	222106	应交教育费附加	贷		2730.00
27	222107	应交个人所得税	贷		1218.48
28	3001	实收资本	贷		2740000.00
29	300101	佛山市新兴科技有限公司	贷		2740000.00
30	3002	资本公积	贷		174000.00
31	3101	盈余公积	贷		49200.00
32	3103	本年利润	贷		297210.00
33	3104	利润分配	贷		121000.00
34	4001	生产成本	借	159810.00	
		小计		5238206.48	5238206.48
		资产			4568206.48
		负债			1186796.48
		所有者权益			3381410.00
		资产 = 负债 + 所有者权益			4568206.48

该公司期初原材料数据情况如表 2-3 所示。

表 2-3　期初原材料数据

材料名称	期初结存数量（千克）	期初结存金额（元）	单价（元）
A 材料	3225	32250.00	10
B 材料	3410	27280.00	8
合计	6635	59530.00	

该公司期初商品结存情况如表 2-4 所示。

表 2-4　期初商品结存表

商品名称	期初结存数量（件）	期初结存金额（元）	单价（元）
A 产品	7180	897500.00	125
B 产品	4900	980000.00	200
合计	12080	1877500.00	

模块三
经济业务核算

项目一　原始凭证

一、填制支票

⚐ 实训要求

根据提供的实训资料,完成现金支票正面和背面内容的填制;完成转账支票正面和背面内容的填制。

✎ 实训资料

(1)资料1:佛山市金菱有限公司2024年5月5日从开户行中国建设银行南江支行提取现金200000元,用于发放工资。请根据相关资料填写现金支票。

佛山市金菱有限公司信息:

【开户银行】:中国建设银行南江支行

【账号】:110063156000226××××

(2)资料2:2024年5月10日,佛山市金菱有限公司从佛山市大昌有限公司购入A材料一批,用于生产A产品,金额为11300元,已开出转账支票一张。请根据相关资料填写转账支票。

佛山市金菱有限公司信息:

【开户银行】:中国建设银行南江支行

【账号】:110063156000226××××

佛山市大昌有限公司信息:

【开户银行】:中国建设银行解放支行

【账号】:3200631560001480××××

⚇ 实训指导

(一)支票的内容

支票包括存根联和支票联两部分。存根联作为出票人记账的依据;支票联交给银行,作为提款的依据。

(1)支票正面包括:支票名称、支票代码、支票编号、出票日期、付款行名称、出票人账号、收款人名称、大小写金额、无条件支付的委托词、用途、出票人预留在银行的印鉴、支票支付密码器生成的支付密码、付款行相关人员签章处等。

（2）现金支票的背面包括：附加信息、收款人签章、提取时间，持票人的身份证件名称、号码及发证机关。

（3）转账支票的背面包括：被背书人、背书人签章、附加信息以及背书日期等。

（4）支票的背书是指票据持有人在票据背面签字，签字人则被称为背书人。支票背书转让时，应由背书人在支票背面记载被背书人名称和背书日期，并加盖预留银行印鉴。背书未记载日期的，视为在支票到期日前背书。

（二）支票的填制要求

（1）签发支票必须使用黑色碳素笔或墨水笔填写，支票上各项内容要填写齐全，数字要标准，大小写金额要一致。目前大部分商业银行要求采用支票打印机（图3-1）或支票打印软件填制支票。

（2）签发日期应填写实际出票日期，支票联出票日期必须使用中文大写，存根联出票日期可用阿拉伯数字书写。

支票联用中文大写填写出票日期时，为防止变造支票的出票日期，在填写月、日时应注意：月为壹、贰和壹拾的，日为壹至玖、壹拾、贰拾和叁拾的，均应在其前加"零"；日为拾壹至拾玖的，应在其前加"壹"。

（3）收款人应填写全称，并与预留在银行的印鉴中的单位名称保持一致。

图3-1　支票打印机

（4）中文大写金额应紧接"人民币"书写，不得留有空白，以防加填；大小写金额要对应，按规范书写。

（5）阿拉伯小写金额数字前面，均应填写人民币符号"¥"。阿拉伯小写金额数字要认真填写，不得连写，以防分辨不清。

（6）如实写明用途，存根联与支票联填写的用途应一致。提取现金的用途有一定的限制，通常为备用金、差旅费、工资、劳务费等。

（7）对约定使用支付密码作为支付票据金额依据的，出票人可在阿拉伯小写金额数字栏下方的支付密码填写栏上记载支付密码。

（8）预算单位在办理支票业务时，可以根据财政部门的相关管理规定，在"附加信息"栏上填写预算管理类型、预算科目、支出类型等代码信息。其他客户也可根据系统、行业或内部管理的需要，在"附加信息"栏上记载相关信息。"附加信息"并非支票的必要记载事项，欠缺该记载事项并不影响支票的效力。

（9）在签发人签章处按预留银行印鉴分别签章，签章不能缺漏。现金支票还应在支票联背面"收款人签章"处按预留在银行的印鉴签章。

（10）支票签发后，将支票联从其与存根联之间的骑缝线裁开。支票联交给银行办理相应业务，存根联留下作为记账依据。

实训延伸

（一）相关法规

《票据管理实施办法》第三十一条规定,签发空头支票或者签发与其预留的签章不符的支票,不以骗取财物为目的的,由中国人民银行处以票面金额 5% 但不低于 1000 元的罚款;持票人有权要求出票人赔偿支票金额 2% 的赔偿金。

因此,在实际工作中会计人员要遵纪守法,不得有签发空头支票、伪造变造支票等违法行为。

（二）转账支票办理流程

（1）办理银行支票存款业务的客户向收款人签发转账支票,并在支票上加盖预留银行印鉴。

（2）收款人从办理银行支票存款业务的客户手中获得支票。

（3）根据实际需求,收款人或持票人能够将转账支票背书转让。

（4）持有支票的收款人或持票人可以委托其名下账户的开户银行收款,也可以到出票人办理支票存款业务的银行提示付款,整个流程走完,持有支票的收款人或持票人就能收到应收款项。

实训体验

（1）请根据实训资料 1,填写空白现金支票（图 3-2）。

图 3-2　空白现金支票

（2）请根据实训资料 2,填写空白转账支票（图 3-3）。

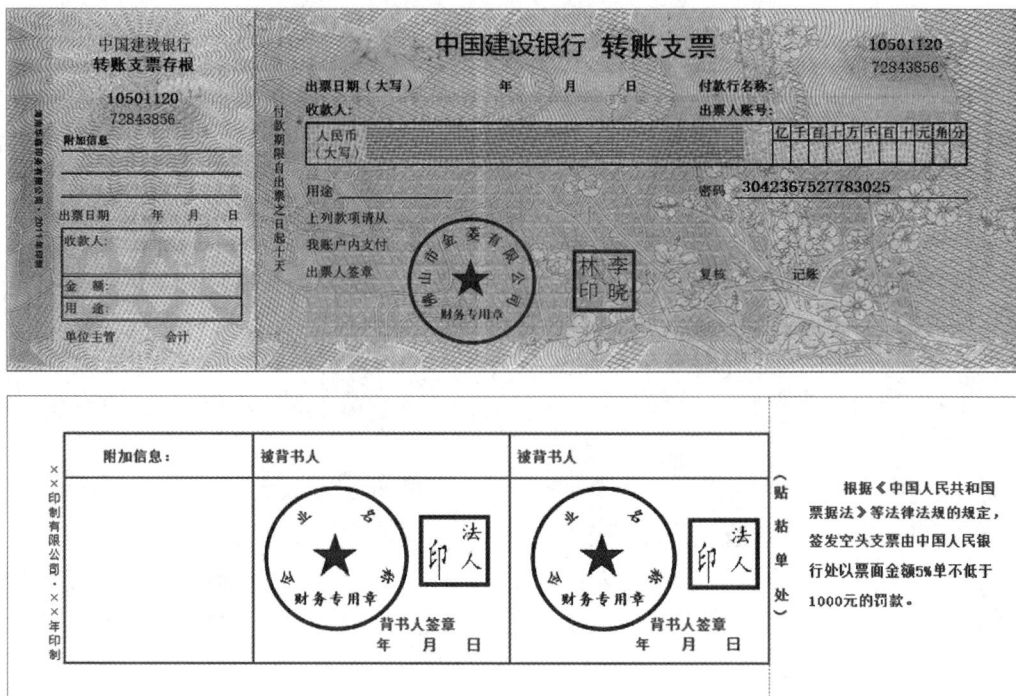

图 3-3　空白转账支票

二、填写进账单

实训要求

根据提供的实训资料,完成进账单的填制。

实训资料

2024 年 5 月 10 日,佛山市金菱有限公司销售 A 产品给佛山市新兴科技有限公司,收到佛山市新兴科技有限公司开来的转账支票 1 张,金额为 33900 元,出纳员当天到银行办理了进账手续。

付款人户名:佛山市新兴科技有限公司

【付款人开户行】:中国建设银行和平支行

【付款人账号】:2344322133006××××

收款人户名:佛山市金菱有限公司

【收款人开户行】:中国建设银行南江支行

【收款人账号】:110063156000226××××

【转账支票号】:0000××××

实训指导

银行进账单的填写规范如下：

（1）出票人全称：开具支票的单位全称。

（2）出票人账号：支票上显示的单位账号。

（3）出票人开户银行：支票上显示的单位开户银行。

（4）金额：按照支票上的金额进行填写。

（5）收款人全称：本公司全称。

（6）收款人账号：本公司账号。

（7）收款人开户银行：本公司开户银行。

（8）票据种类：按照支票上显示的票据种类填写。

（9）票据张数：按照实际票据张数填写。

（10）票据号码：按照支票右上角的号码填写。

实训延伸

数字化管理在银行进账单管理中的应用越来越广泛。其一，数字化管理可以提高银行进账单管理的效率和安全性。在传统银行业务中，客户需要前往银行进行账单查询和打印，手续费和时间成本都比较高，且银行进账单容易丢失或者被盗用。而采用数字化的银行进账单管理，客户可在银行官方网站或者手机银行上随时随地查询和下载自己的账单，不仅可以节省时间和手续费，还可以更加安全地保护自己的财务信息。其二，数字化管理支票行号能够有效防范不法分子伪造账单、冒充银行工作人员的违法行为，更好地维护广大消费者的合法权益。

实训体验

请根据以上信息，填写银行进账单（图 3-4）。

图 3-4　银行进账单

三、填写结算业务申请书

实训要求

根据提供的实训资料，完成结算业务申请书的填制。

实训资料

2024 年 5 月 10 日，佛山市金菱有限公司从成都市大通科技有限公司购入甲材料一批，开出结算业务申请书转账付款，金额为 65000 元。

支付密码：378036218512××××

付款人户名：佛山市金菱有限公司

【付款人开户行】：中国工商银行滨江支行

【付款人账号】：622840017980××××

收款人户名：成都市大通科技有限公司

【收款人开户行】：中国农业银行文明支行

【收款人账号】：628800562208××××

实训指导

结算业务申请书是银行客户办理转账结算业务时填写的书面申请文件，主要用于同城或异地汇款、汇票、本票等非现金支付结算，需要明确收付款方信息、金额及用途等关键要素。

结算业务申请书的日期必须是办理当天的日期，并加盖预留银行印鉴，逾期结算业务申请书将作废，银行不予受理。

其填写要求如下：

（1）申请日期：即出票日期，必须使用中文大写。

（2）业务类型：委托人可根据业务需要自行勾选。

（3）申请人和收款人信息：必须填写齐全。

（4）汇款方式：选择"普通"或"加急"。若选择"加急"，须签字。

（5）币种及金额：填写人民币中文大写金额，阿拉伯小写金额必须与中文大写金额一致。

（6）用途：根据实际发生的业务填写。

（7）支付密码：填写支付密码。

（8）委托人签章：加盖预留银行印鉴。

实训延伸

结算业务申请书与转账支票的区别如下。

1.使用范围不同

转账支票的使用范围只能是同一座城市,而结算业务申请书则可以异地使用,同时还可以办理电汇和汇票。

2.用途不同

用户在银行办理支票存款业务后,就可以通过签发支票来支付确定金额,持有支票的持票人可以拿着支票到指定银行获得支票签发金额。银行只要确定支票真实有效,必须无条件支付。而结算业务申请书是用于两个不同银行账户之间的单位汇款或者个人汇款。

✏ 实训体验

请根据以上信息,填写结算业务申请书(图3-5)。

图3-5　结算业务申请书

四、开具增值税专用发票

⊟ 实训要求

根据提供的实训资料,学会开具增值税专用发票。

✎ 实训资料

2024年5月10日,佛山市金菱有限公司销售A产品给佛山市新兴科技有限公司,开出增值税专用发票一张,价款为30000元,税款为3900元,价税合计为33900元,货款已经收到。

付款人户名:佛山市新兴科技有限公司

【付款人开户行】:中国建设银行和平支行

【付款人账号】:2344322133006××××

【纳税人识别号】:7480050319012××××

【地址、邮编】:佛山市文明路89号、570011

收款人户名:佛山市金菱有限公司

【收款人开户行】:中国建设银行南江支行

【收款人账号】:110063156000226××××

【纳税人识别号】:91440503190123××××

【地址、邮编】:佛山市南江二路26号、570000

实训指导

增值税专用发票作为抵扣税款的法定依据,其记载的信息必须全面、准确、合法,能够满足纳税人的财务核算和纳税申报需求,满足税务机关的稽查需求。开具增值税专用发票的具体要求如下。

（1）字迹清楚。

（2）不得涂改。若填写有误,应另行开具增值税专用发票,并在误填的增值税专用发票上注明"误填作废"四个字。增值税专用发票开具后因购货方不索取而成为废票的,应按填写有误办理。

（3）项目填写齐全。

（4）票、物相符,票面金额与实际收取的金额相符。

（5）各项目内容正确无误。

（6）全部联次一次性填开,上、下联的内容和金额一致。

（7）发票联和抵扣联加盖财务专用章或发票专用章。

（8）按照规定的时限开具增值税专用发票。

（9）不得开具伪造的增值税专用发票。

（10）不得拆本使用增值税专用发票。

（11）不得开具票样与国家税务总局统一制定的票样不相符合的增值税专用发票。

（12）开具发票应当使用中文,民族自治地方可以同时使用当地通用的一种民族文字;外商投资企业和外国企业可以同时使用一种外国文字。

（13）纳税人使用十万元版增值税专用发票,其填开的销售金额必须达到所限面额最高一位,否则,按照未按规定填开增值税专用发票处理,其抵扣联不得作为扣税凭证。

（14）不得超面额开具增值税专用发票。超面额开具增值税专用发票,是指纳税人在增值税专用发票"金额"栏逐行填写的销售额或合计行填写的销售额超过了该栏的最高金额单位。凡超面额开具增值税专用发票的,属于未按规定开具增值税专用发票行为,购货方取得这种专用发票一律不得作为扣税凭证。

实训延伸

全电发票与电子发票(即"纸电发票")的区别如下。

（一）发票类型不同

全电发票是全面数字化的电子发票的简称,是与电子发票具有同等法律效力的全新发票,不以纸质形式存在、不用介质支撑,无须申请领用、发票验旧及申请增版增量。电子发票的票面信息全面数字化,将多个票种集成归并为电子发票单一票种,实行全国统一赋码、开具金额总额度管理、自动流转交付。

电子发票即"纸电发票",主要包括增值税电子专用发票(以下简称电子专票)和增值税电子普通发票(以下简称电子普票)。电子专票由各省税务局监制,采用电子签名代替发票专用章,属于增值税专用发票,其法律效力、基本用途、基本使用规定等与增值税纸质专用发票(以下简称纸质专票)相同。电子普票的开票方和受票方需要纸质发票的,可以自行打印增值税电子普通发票的版式文件,其法律效力、基本用途、基本使用规定等与税务机关监制的增值税普通发票相同。

（二）管理方式不同

对于全电发票,纳税人开业后,无须使用专用税控设备,无须办理发票票种核定,无须领用全电发票,系统自动赋予开具额度,并根据纳税人行为动态调整发票额度,实现开业即可开票。

对于通过增值税发票管理系统开具的电子发票(即"纸电发票"),纳税人开业后,需要先申领专用税控设备并进行票种核定,发票数量和票面限额管理同纸质发票一样,纳税人需要依申请对发票增版增量,是纸质发票管理模式下的电子化。

（三）交付手段不同

全电发票开具后,发票数据文件自动发送至开票方和受票方的税务数字账户,便利交付入账,减少人工收发。同时,依托税务数字账户,纳税人可对全量发票数据进行自动归集,发票数据使用更高效便捷。

电子发票(即"纸电发票")开具后,需要通过发票版式文件进行交付,即开票方将发票版式文件通过邮件、短信等方式交付给受票方;受票方人工下载后,仍需要对发票的版式文件进行归集、整理、入账等操作。

（四）发票生态不同

全电发票推行后,发票管理将依托大数据管理体系,从"控票"向"控事"转变,平台功能从单一向开放生态体系转变,全电发票的开具、交付、查验等实现深度融合,纳税人可享受"一站式"服务。税务总局将制定相关标准,并向社会公众公开发布,不同行业、不同规模企业可免费对接税务部门信息系统,纳税人不再需要租用第三方平台。

而对于电子发票(即"纸电发票"),税务部门的管理手段主要是通过专用税控设备实现"控票",发票平台功能较为单一,且发票开具、交付、查验等互相独立。

（五）发票样式不同

全电发票样式与现有发票样式区别在于:一是全电发票票样将原有"发票代码 + 发

票号码"变为 20 位发票号码,取消了校验码、收款人、复核人、销售方(章),取消了发票密码区;二是全电发票特定业务会影响发票展示内容,不同的特定业务展示的发票票面内容不同;三是全电发票将原"备注"栏中手工填列、无法采集的内容,设置为固定可采集、可使用的数据项,并展示于票面上。

(六)开具份数、限额不同

通过电子发票服务平台开具全电发票,在开具金额总额度内,没有发票开具份数和单张开票限额限制。通过增值税发票管理系统开具电子发票(即"纸电发票"),最高开票限额和每月最高领用数量仍按照现行有关规定执行。

(七)开具发票流程不同

试点纳税人登录电子发票服务平台后,通过开票模块,选择不同的发票类型,录入开具内容,电子发票服务平台校验通过后,自动赋予发票号码并按不同业务类型生成相应的全电发票。开具电子发票(即"纸电发票"),仍然需要使用增值税发票管理系统进行开具。

(八)票种核定、领用方式不同

全电发票无须进行发票票种核定和发票领用,通过电子发票服务平台开具全电发票,无须进行发票验旧操作。全电发票实现"去介质",纳税人不再需要预先领取专用税控设备;通过"赋码制"取消特定发票号段申领,发票信息生成后,系统自动分配唯一的发票号码;通过"授信制"自动为纳税人赋予开具金额总额度,实现开票"零前置"。

电子发票(即"纸电发票")的票种核定、数量变更、领用验旧、缴销退回以及最高开票限额申请、变更等业务,均按照现有办税途径和业务流程办理。

(九)发票号码、代码及编码规则不同

全电发票的发票号码为 20 位,其中:第 1~2 位代表公历年度后两位,第 3~4 位代表各省、自治区、直辖市和计划单列市行政区划代码,第 5 位代表全电发票开具渠道等信息,第 6~20 位代表顺序编码等信息。全电发票没有发票代码。

电子专票的发票代码为 12 位,编码规则:第 1 位为 0,第 2~5 位代表省、自治区、直辖市和计划单列市,第 6~7 位代表年度,第 8~10 位代表批次,第 11~12 位为 13;发票号码为 8 位,按年度、分批次编制。电子普票的发票代码为 12 位,编码规则:第 1 位为 0,第 2~5 位代表省、自治区、直辖市和计划单列市,第 6~7 位代表年度,第 8~10 位代表批次,第 11~12 位代表票种(11 代表电子普票);发票号码为 8 位,按年度、分批次编制。

(十)开具红字发票流程不同

纳税人取得开票方通过电子发票服务平台开具的发票,发生开票有误、销货退回、服务中止、销售折让等情形时,开票方须通过电子发票服务平台开具红字全电发票或红字纸质发票,并按以下规定执行。第一,受票方未做用途确认及入账确认的,开票方填开"红

字发票信息确认单”（以下简称确认单）后全额开具红字全电发票或红字纸质发票，无须受票方确认。第二，受票方已进行用途确认或入账确认的，由开票方或受票方填开确认单，经对方确认后，开票方依据确认单开具红字发票。受票方已将发票用于增值税申报抵扣的，应暂依确认单所列增值税税额从当期进项税额中转出，待取得开票方开具的红字发票后，与确认单一并作为记账凭证。发起冲红流程后，开票方或受票方须在 72 小时内进行确认，未在规定时间内确认的，该流程自动作废，须开具红字发票的，应重新发起流程。冲红原因由纳税人根据业务实际确定。需要注意的是，如原蓝字发票商品服务编码仅为货物或劳务时，冲红原因不允许选择“服务中止”；商品服务编码仅为服务时，冲红原因不允许选择“销货退回”。

根据《中华人民共和国发票管理办法实施细则》第二十六条规定，开具纸质发票后，如发生销售退回、开票有误、应税服务中止、销售折让等情形，需要开具红字发票的，应当收回原发票全部联次并注明“红冲”字样后开具红字发票。无法收回原发票全部联次的，应当取得对方有效证明后开具红字发票；第二十七条规定，开具电子发票后，如发生销售退回、开票有误、应税服务中止、销售折让等情形的，应当按照规定开具红字发票。

实训体验

请根据以上信息，开具增值税专用发票（图 3–6）。

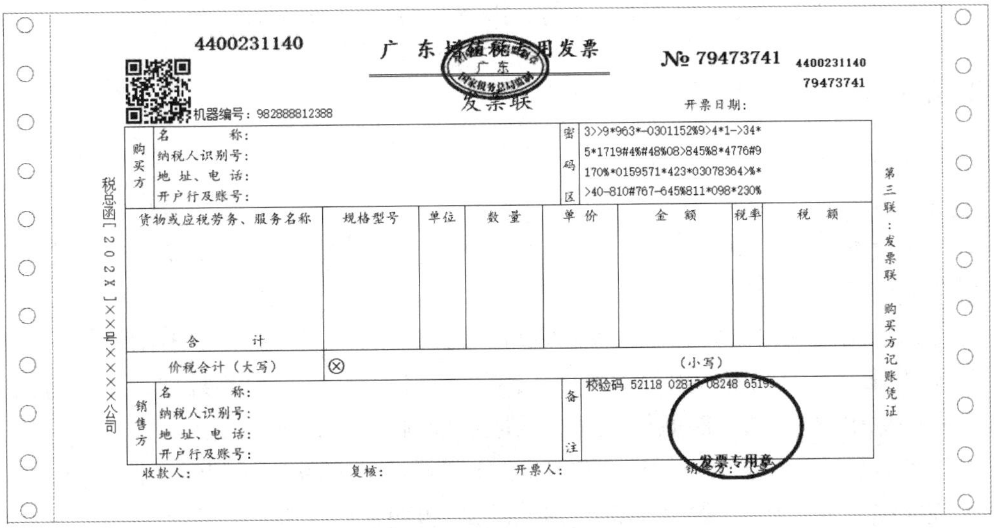
4400231140 广东增值税专用发票 № 79473741 4400231140 79473741

发票联

机器编号：982888812388 开票日期：

购买方	名称： 纳税人识别号： 地址、电话： 开户行及账号：			密码区	3>>9*963*-0301152%9>4*1->34* 5*1719#4%#48%08>845%8*4776#9 170%*0159571*423*03078364>%* >40-810#767-645%811*098*230%		
货物或应税劳务、服务名称	规格型号	单位	数量	单价	金额	税率	税额
合计							
价税合计（大写）	⊗				（小写）		
销售方	名称： 纳税人识别号： 地址、电话： 开户行及账号：			备注	校验码 52118 02817 08248 6519		

收款人： 复核： 开票人： 销售方：（章）

税总函[202X]××号××××公司

第三联：发票联 购买方记账凭证

图 3–6 增值税专用发票

五、填写收料单

实训要求

根据提供的实训资料，完成收料单的填制。

◈ 实训资料

2024 年 5 月 5 日,佛山市金菱有限公司从广东宏远有限公司购入 A 材料 1000 千克(发票号码:2024050××××),单价 10 元,已经验收入库(原材料仓库),收料单编号:2024××××。

【采购员】:林刚

【保管员】:陈风

◈ 实训指导

收料单是记录外购材料验收入库的一种自制原始凭证。材料运到后,采购员填制一式三联的收料单,交给仓库保管员。仓库保管员验收完毕,在收料单上填写实收数量。采购员和仓库保管员在收料单上签章。收料单一联交给仓库以留存,一联退给采购部门,一联交给财务部门据以入账。

采购员持收料单以及其他报销单据交给材料会计审核,材料会计审核后计算材料采购实际成本,填制记账凭证,登记材料明细账。

(1)仓库保管员在收到材料时,要认真检查其品种、规格和质量,还要根据材料的不同情况,分别采用点数、量度等方法,正确计算数量,办理材料入库手续。

(2)收料单中各项内容要填写完整、清楚,金额数字不得连写,空白金额行应加斜线注销。

(3)有关经办人员要认真签章,做到经济责任明确,各负其责。

◈ 实训延伸

一、收料单

收料单一般是一次原始凭证,即一次只记录一项经济业务或同时记录若干项同类性质的经济业务的原始凭证。

如果在一定时期内连续记录若干项同类性质的经济业务也可以用累计原始凭证。累计原始凭证可有效使用多次,陆续完成手续,到期满后,计算出累计总额,再以此作为会计核算的原始依据,如自制原始凭证中的限额领料单、累计销售凭证等。

对于平日经济业务繁忙,收发、填写原始凭证数量较大的企业,也可以通过编制汇总原始凭证来简化核算手续,提高工作效率和质量,也便于使用和核对原始凭证。

汇总原始凭证是指定期根据若干项同类性质经济业务的原始凭证,依据有关要求整理编制、汇总完成的一种原始凭证。例如,材料耗用汇总表、收发料凭证汇总表等。

二、发料单

发料单为自制原始凭证,其格式及联数可根据本单位经营管理和业务流程的需要自行设计,发料单通常是企业为了调剂余缺或处理积压等对外销售材料时由销售部门填制的。发料单一般一式三联,存根联交给企业销售部门存查;提货联交给购货方据以提货;记账联交给仓库据以备料、发料,并作为登记材料明细账的依据。

（1）销售部门在对外销售材料时,先填制发料单,各项内容要填写完整、清楚,金额数字不得连写,空白金额行应加斜线注销。经主管领导核准后,再到仓库办理出库手续。

（2）仓库保管员准确发出材料,并签章以示负责。

（3）销售部门除填制发料单外,应同时要求财务部门开具销售发票。发料单还可设随货联,在发货时收回对方提货联,把盖有"已发货"章的随货联交给对方点货时使用。

✎ 实训体验

请根据以上信息,填制收料单（图3-7）。

图3-7　收料单

六、填写领料单和限额领料单

⊟ 实训要求

根据提供的实训资料,完成领料单和限额领料单的填写。

🖉 实训资料

（1）2024年5月8日,佛山市金菱有限公司生产A产品领用A材料100千克,单位成本10元。仓库:原材料仓库。领料单编号:20240508201。

【领料人】:王莉

【核准员】:陈风

【发料人】:林悦

（2）2024年5月,佛山市金菱有限公司生产B产品领用B材料1000千克,单位成本9.6元,该材料采用消耗定额管理,每次领料的数量直接在限额领料单上填写,领用B

材料记录明细如表 3-1 所示。仓库:原材料仓库。限额领料单编号:45360233。

表 3-1　2024 年 5 月佛山市金菱有限公司领用 B 材料记录明细表

日期	领用数量 （千克）
2024-05-01	100
2024-05-06	150
2024-05-12	200
2024-05-17	200
2024-05-21	150
2024-05-25	200

【领料人】:林晓玲

【核准员】:陈风

【发料人】:林悦

【生产计划部门负责人】:陈敏

【供应部门负责人】:罗珊

【领料部门负责人】:李强

实训指导

领料单为自制原始凭证,其格式及联数可根据本单位经营管理和业务流程的需要自行设计。领料单一般是一料一单,一种用途填写一张。领料单通常为一式三联,第一联留领料部门备查;第二联交给仓库据以登记材料明细账;第三联转送财务部门或月末经汇总后转送财务部门登记总分类账。

（1）领料部门在领用材料时,先填制领料单,各项内容要填写完整、清楚,金额数字不得连写,空白金额行应加斜线注销。经主管领导核准后,再到仓库办理领料手续。

（2）仓库保管员准确发出材料,并签章以示负责。

实训延伸

限额领料单又称定额领料单。它是一种自制原始凭证,可以多次使用,即在有效期间（最多为一个月）内,只要领用数量不超过限额,就可以连续使用。

领料的限额是各车间（班组）为完成规定的生产任务所需消耗材料的最高数量标准,这是评价车间（班组）完成生产任务情况的一项重要指标。因此,它用于经常领用并规定有领用限额的材料领发业务。

限额领料单应在每月开始前,由生产计划部门根据生产作业计划和材料消耗定额,按照材料类别、用途分别编制,通常一式两联,一联交给仓库据以发料,另一联交给领料部门据以领料。领发材料时,仓库应按限额领料单内所列材料品名、规格在限额内发放,同时把实发数量和限额结余数填写在仓库和领料部门持有的两份限额领料单内，并由领发料双方在两份限额领料单上签章。月末，结出实物数量和金额，交给会计据以记账。如有结余材料，应办理退料手续。

实训体验

请根据以上信息，分别填写领料单（图 3–8）和限额领料单（图 3–9）。

领　料　单

领用部门：

仓库：　　　　　　　　年　　月　　日　　　　　　编号：20240508201

<table>
<tr><td rowspan="2">编 号</td><td rowspan="2">类 别</td><td rowspan="2">材料名称</td><td rowspan="2">规 格</td><td rowspan="2">单 位</td><td colspan="2">数 量</td><td colspan="2">实际成本</td></tr>
<tr><td>请领</td><td>实发</td><td>单价</td><td>金额</td></tr>
<tr><td></td><td></td><td></td><td></td><td></td><td></td><td></td><td></td><td></td></tr>
<tr><td></td><td></td><td></td><td></td><td></td><td></td><td></td><td></td><td></td></tr>
<tr><td></td><td></td><td></td><td></td><td></td><td></td><td></td><td></td><td></td></tr>
<tr><td></td><td></td><td></td><td></td><td></td><td></td><td></td><td></td><td></td></tr>
<tr><td></td><td></td><td></td><td></td><td></td><td></td><td></td><td></td><td></td></tr>
<tr><td rowspan="3">用 途</td><td colspan="4" rowspan="3"></td><td colspan="2">领料部门</td><td colspan="2">发料部门</td></tr>
<tr><td>负责人</td><td>领料人</td><td>核准人</td><td>发料人</td></tr>
<tr><td></td><td></td><td></td><td></td></tr>
</table>

第三联　记账联

图 3–8　领料单

限额领料单

领料部门：

用途：　　　　　　　　年　　月　　　　　　编号：45360233

<table>
<tr><td rowspan="2">材料类别</td><td rowspan="2">材料名称</td><td rowspan="2">规格</td><td rowspan="2">计量单位</td><td rowspan="2">单价</td><td rowspan="2">领用限额</td><td colspan="2">全月实领</td></tr>
<tr><td>数量</td><td>金额</td></tr>
<tr><td></td><td></td><td></td><td></td><td></td><td></td><td></td><td></td></tr>
<tr><td rowspan="2">日期</td><td colspan="3">请领</td><td colspan="2">实发</td><td colspan="2" rowspan="2">限额结余</td></tr>
<tr><td>数量</td><td>领料部门
负责人签章</td><td>领料人签章</td><td>数量</td><td>发料人签章</td></tr>
<tr><td></td><td></td><td></td><td></td><td></td><td></td><td colspan="2"></td></tr>
<tr><td></td><td></td><td></td><td></td><td></td><td></td><td colspan="2"></td></tr>
<tr><td></td><td></td><td></td><td></td><td></td><td></td><td colspan="2"></td></tr>
<tr><td></td><td></td><td></td><td></td><td></td><td></td><td colspan="2"></td></tr>
<tr><td></td><td></td><td></td><td></td><td></td><td></td><td colspan="2"></td></tr>
<tr><td></td><td></td><td></td><td></td><td></td><td></td><td colspan="2"></td></tr>
<tr><td></td><td></td><td></td><td></td><td></td><td></td><td colspan="2"></td></tr>
<tr><td>合计</td><td></td><td></td><td></td><td></td><td></td><td colspan="2"></td></tr>
</table>

生产计划部门负责人：　　　　　供应部门负责人：　　　　　仓库管理员：

图 3–9　限额领料单

七、填写产品入库单和产品出库单

⚐ 实训要求

根据提供的实训资料,填写产品入库单和产品出库单。

🖳 实训资料

（1）2024年5月16日,佛山市金菱有限公司生产A产品10000件,单位成本125元,交仓库验收。产品入库单编号:173。

【主管】:王阳

【仓库主管】:王小红

【保管员】:陈风

【会计】:周晓红

（2）2024年5月21日,佛山市金菱有限公司向佛山市安顺公司销售A产品200件,单价200元,单位成本125元。产品出库单编号:48796978。

【主管】:王阳

【仓库主管】:王小红

【保管员】:陈风

【会计】:周晓红

【经手人】:张浩

🖧 实训指导

（一）产品入库单

产品入库单为自制原始凭证,其格式及联数可根据本单位经营管理和业务流程的需要自行设计。产品入库单通常为一式三联,第一联交给库管部门留存备查;第二联交给仓库,据以登记库房账簿;第三联交给财务部门,据以登记财务账簿。

（1）企业由生产车间制成的产成品经检验合格,由生产车间填制"产品入库单",交仓库点收,作为产品收入的凭证。

（2）仓库保管员在收到产品时,要认真检查其品种、规格和质量,正确计算数量,方可办理入库手续。

（3）会计根据仓库保管员核准数量填写产品的单位成本和总成本。

（二）产品出库单

产品出库单为自制原始凭证,其格式及联数可根据本单位经营管理和业务流程的需要自行设计。产品出库单通常为一式三联,一联作存根,一联交给仓库保管员据以准备发货,一联为提货联,交给购货方作为提货凭据,或交给本公司发运部门作为提货发运的凭据。

（1）销售部门在发出产品前必须填写产品出库单。产品出库单中各项内容要填写完整、清楚,金额数字不得连写,空白金额行应加斜线注销。同时,通知财务部门开具销售发票。

（2）仓库保管员凭产品出库单再次复核产品数量及质量后,方可办理出库手续。产品出库单还可设随货联,发货时交给对方点货时使用。

⊗ 实训延伸

仓库保管员职业道德包括以下几项内容。

（1）必须以维护公司利益为基本原则,开展各项工作,充分发挥团队精神,发扬敬业爱岗的服务精神。

（2）要做事,先做人。仓库保管员必须端正自己的工作态度,树立大公无私的思想。

（3）管好仓库物品,不出任何差错。

（4）时刻提醒自己提升业务水平,认真保管好仓库物品,对任何错误的发生不能抱着无所谓的态度,要认真检讨自己,反省自己。

（5）记住自己是物品的管理者,而不是物品的使用者。不能随便动用公司物品,更不能将公司物品占为己有。

（6）不得利用职务之便向供应商或领货人索取"好处"。

（7）不得利用供应商送货便利或价格优势从供应商处为私人购买任何物品。

✎ 实训体验

请根据以上信息,分别填写产品入库单（图 3-10）和产品出库单（图 3-11）。

产品入库单									

交库单位: 　　　　　　　　　　年　月　日　　　　　　仓库:　编号: 173

产品编号	产品名称	规格	计量单位	数量		单位成本	总成本	备注
				送检	实收			

仓库主管:　　　　　　保管员:　　　　　　记账:　　　　　　制单:

图 3-10　产品入库单

产品出库单 No. 48796978

图 3-11　产品出库单

八、填写差旅费报销单

实训要求

根据提供的实训资料,完成差旅费报销单的填写。

实训资料

2024 年 5 月 16 日,佛山市金菱有限公司采购部业务员李向强(身份证号:42100119980406××××)到厦门参加业务培训回来,报销差旅费,出差时间为 2024 年 5 月 11—14 日,报销的票据有:航空运输电子客票行程单 1 张,住宿费发票 1 张。出差人员的伙食补助费实行定额包干,每人每天 100 元;其他费用(主要包括在出差地的城市内交通费、通信费、办公费、托运费等)实行凭票实报,标准为每人每天 80 元。住宿费标准为每人每天 350 元。

实训指导

(一)差旅费报销单填写要求

(1)"报销部门"栏填写出差人员所在的部门;"出差人"栏填写出差人员姓名,若有多人可一并填写。

(2)"出差日期"栏填写出差开始及截止的日期。

(3)"出差事由"栏写清楚出差当事人出差的目的及主要内容。

(4)"报销日期"栏填写该报销单申请当日的日期。

(5)"车船费""其他费用"栏按照实际发生的金额如实填写。

（6）最好使用黑色或者蓝色中性笔填写,不允许涂改。

（7）报销单填写完之后,费用合计金额用阿拉伯数字小写,并写上中文大写。

有的单位对出差补助做了明确规定,如:各级别人员的住宿费标准均执行财政部有关规定,并且采取限额内凭票、据实报销的办法,超过限额由出差人员自行负担;出差人员的伙食补助费实行定额包干,每人每天 100 元;其他费用（主要包括在出差地的市内交通费、通信费、办公费、托运费等）实行凭票实报,标准为每人每天 80 元。

（8）差旅费报销单按照实际发生的顺序填写,放置凭证的时候也将日期较早的凭证放在上面。

（9）差旅费报销单应当按照出差次数填写,每出差一次填写一张差旅费报销单,在外连续出差多日可在同一张差旅费报销单中填写。

（二）差旅费报销单粘贴要求

差旅费报销单粘贴要确保规范,具体要求如下。

（1）大张的发票及单据放在最下面。

（2）发票及单据的正面尽量便于查阅。

（3）同种尺寸的发票可以单独拿空白 A4 纸的一半一次排开粘贴（保持整体美观漂亮）。

（4）大张的单据可正面折叠,与其他单据边缘保持一致会更美观。

（5）填写好的差旅费报销单放在最上面,并签名、写上日期。

🖐 实训延伸

增值税一般纳税人购进国内旅客运输服务,其进项税额允许从销项税额中抵扣。取得注明旅客身份信息的铁路车票的,其进项税额 = 票面金额 ÷（1+9%）×9%。

✍ 实训体验

请根据以上信息,并结合图 3-12 和图 3-13,填写差旅费报销单（图 3-14）。

图 3-12　航空运输电子客票行程单

图 3-13　住宿费发票

差旅费报销单

报销部门：					报销日期：		年	月	日
出差人：				出差事由：					
出差日期：	年	月	日 至	年	月	日 共计：		天	

车船费					其他费用			
出发地	到达地	交通工具	附件张数	金额	项目	附件张数		金额
					住宿			
					餐饮			
					市内交通			
					通讯费			
					其他			
合计					合计			

费用合计：		元　大写(人民币)：		
预借差旅：	元	补领金额：	元　退还金额：	元
核实后报销金额：		元　大写(人民币)：		

审批：	财务主管：	会计：	部门主管：	领款人：

图 3-14　差旅费报销单

项目二　记账凭证

一、填制收款凭证

🚩 实训要求

根据提供的实训资料,填写收款凭证以及完成原始凭证的整理与粘贴。

🔖 实训资料

2024 年 5 月 10 日,佛山市金菱有限公司销售 A 产品 150 件给佛山市新兴科技有限公司,该公司为增值税一般纳税人,开出增值税专用发票一张,价款为 30000 元,税款为 3900 元,价税合计为 33900 元,已经收到佛山市新兴科技有限公司开来的转账支票一张。根据提供的原始凭证填制记账凭证。

🔗 实训指导

收款凭证是根据库存现金和银行存款收款业务的原始凭证填制的记账凭证。其填制方法如下。

（1）收款凭证的左上方"借方科目"栏应填写"库存现金"或"银行存款"科目。

（2）正上方"年月日"栏应按收款凭证的编制日期填写。

（3）右上方"字第号"栏是收款凭证的编号,应按收款凭证的填制顺序填写,如现金收款业务,可按其本期编制的收款凭证顺序填写"现收字第 1 号""现收字第 2 号"……银行存款收款业务按顺序填写"银收字第 1 号""银收字第 2 号"……以此类推,各类凭证自成系统顺延编号,按月编制,并注意不要错号、重号、漏号。

（4）"摘要"栏填写经济业务的内容,要求简洁明确。

（5）"贷方总账科目"栏及"明细科目"栏,应填写与"借方科目"（库存现金或银行存款）相对应的贷方的一级科目及其所属的明细科目名称。

（6）在"金额"栏相对应的行次填写贷方一级科目及其所属明细科目的金额。

（7）"合计"行金额表示借方科目"库存现金"或"银行存款"的总金额。金额计算要求准确无误。

（8）"附单据张"栏填写该编号收款凭证所依据的原始凭证的张数,以备核查。

（9）相关经办人员要在表格下面的相应项目后签章,以便明确所负责任。

实训延伸

记账凭证填写错误时,在记账以前发现的,应重新填写、审核;如已记账的,则应采用红字更正法或补充登记法予以更正。记账凭证除结账和更正错账外,都必须附有原始凭证。

实训体验

请根据以上信息,并结合图 3–15 至图 3–17,填写收款凭证(图 3–18)。

4400251140　　广东增值税专用发票　　№ 79473741　4400251140　79473741

发票联

机器编号:982888812388　　开票日期: 2024年05月10日

购买方	名　　称:佛山市新兴科技有限公司 纳税人识别号:74800503190123776 地 址、电 话:佛山市文明路89号　570011 开户行及账号:中国建设银行 23443221330068156				密码区	3>>9*963*-0301152%9>4*1->34* 5*1719#4%#48%08>845%8*4776#9 170%*0159571*423*03078364>%* >40-810#767-645%811*098*230%	
货物或应税劳务、服务名称	规格型号	单位	数量	单价	金额	税率	税额
A产品		件	150	200.00	30,000.00	13%	3,900.00
合　计					¥30,000.00		¥3,900.00
价税合计(大写)	⊗ 叁万叁仟玖佰元整				(小写)¥33,900.00		
销售方	名　　称:佛山市金菱有限公司 纳税人识别号:91440503190123450A 地 址、电 话:佛山市南江二路26号 570000 开户行及账号:中国建设银行南江支行　1100631560002261122				备注	校验码 52118 02817 08248 65199 佛山市金菱有限公司 91440503190123450A 发票专用章	

收款人: 陈青青　　复核: 王阳　　开票人: 周晓红　　销售方:(章)

税总函[202X]××号×××公司

第三联:发票联　购买方记账凭证

图 3–15　销售 A 产品的增值税专用发票

出库单

出货单位:佛山市金菱有限公司　　日期:2024年05月10日　　单号:

提货单位(部门):佛山市新兴科技有限公司　　销售单号:　　发货仓库:成品库　　出库日期:2024年05月10日

编码	名称	规格	单位	数量		单价	金额
				应发	实发		
002	A产品		件	150	150	200.00	30,000.00
合计	人民币(大写):叁万元整						¥30,000.00

部门经理:　　会计:周晓红　　仓库:陈风　　经办人:林洋

会计联

图 3–16　销售 A 产品的出库单

中国建设银行　进账单（收账通知） 3

2024 年 05 月 10 日　　№ 62044974

出票人	全称	佛山市新兴科技有限公司	收款人	全称	佛山市金菱有限责任公司
	账号	23443221330068156		账号	110063156000226122
	开户银行	中国建设银行和平支行		开户银行	中国建设银行南江支行

金额	人民币（大写）	叁万叁仟玖佰元整	亿	千	百	十	万	千	百	十	元	角	分
						¥	3	3	9	0	0	0	0

票据种类	转账支票	票据张数	
票据号码	00001167		

中国建设银行南江支行　2024.05.10　转讫

复核　　记账　　收款人开户银行签章

此联是收款人开户银行交给收款人的收账通知

图 3–17　销售 A 产品的银行进账单

收款凭证

借方科目：　　年　月　日　　字第　号

摘要	贷方总账科目	明细科目	记账符号	千	百	十	万	千	百	十	元	角	分
合计													

附单据　张

财务主管　　记账　　出纳　　审核　　制单

图 3–18　收款凭证

二、填制付款凭证

实训要求

根据提供的实训资料，填写付款凭证以及完成原始凭证的整理与粘贴。

实训资料

2024 年 5 月 10 日，佛山市金菱有限公司从佛山市大昌有限公司购入 A 材料 500 千克，每千克 20 元，用于生产 A 产品，发票金额为 11300 元，已开出转账支票支付货款，请根据相关资料填写付款凭证。

实训指导

付款凭证是根据库存现金和银行存款付款业务的原始凭证填制的记账凭证。其填制方法如下。

（1）付款凭证的左上方"贷方科目"栏应填写"库存现金"或"银行存款"科目。

（2）正上方"年月日"栏应按付款凭证的编制日期填写。

（3）右上方"字第号"栏是付款凭证的编号，应按付款凭证的填制顺序填写，如现金付款业务，可按其本期编制的付款凭证顺序填写"现付字第1号""现付字第2号"……银行存款付款业务按顺序填写"银付字第1号""银付字第2号"……以此类推，各类凭证自成系统顺延编号，按月编制，并注意不要错号、重号、漏号。

（4）"摘要"栏填写经济业务的内容，要求简洁明确。

（5）"借方总账科目"栏及"明细科目"栏，应填写与"贷方科目"（银行存款或库存现金）相对应的贷方的一级科目及其所属的明细科目名称。

（6）在"金额"栏相对应的行次填写借方一级科目及其所属明细科目的金额。

（7）"合计"行金额表示贷方科目"库存现金"或"银行存款"的总金额，金额计算要求准确无误。

（8）"附单据张"栏填写该编号付款凭证所依据的原始凭证的张数，以备核查。

（9）相关经办人员要在表格下面的相应项目后签章，以便明确所负责任。

实训延伸

涉及库存现金和银行存款之间业务的一般按照贷方科目编制付款凭证，而不编制收款凭证。

实训体验

请根据以上信息，并结合图3-19至图3-21，填写付款凭证（图3-22）。

图3-19　购入A材料的增值税专用发票

收　料　单

供应单位：佛山市大昌有限公司									收料单编号：		
材料类别：原材料				2024 年　05 月　10 日				收料仓库：原材料仓库			

材料编号	名称	规格	单位	数量		实际成本					
				应收	实收	买价		运杂费	其他	合计	
						单价	金额				
001	A材料		千克	500	500	20.00	10,000.00			¥10,000.00	
合　　计				500	500		10,000.00			¥10,000.00	
备　　注											

仓库主管：	记账：	收料：陈风	割单：陈风

图 3-20　购入 A 材料的收料单

付款凭证

中国建设银行　网银回单

日　期：　2024 年　05 月　10 日	回单编号：　4470

付款人户名：　佛山市金菱有限公司	付款人开户行：中国建设银行南江支行
付款人账号（卡号）：1100631560002261122	
收款人户名：　佛山市大昌有限公司	收款人开户行：中国建设银行解放支行
收款人账号（卡号）：3200631560001480 2468	
金额：人民币 壹万壹仟叁佰元整	小写：¥11,300.00
业务（产品）种类：	凭证种类：	凭证号码：
摘要：　购买原材料	用途：支付货款	币种：人民币
交易机构：	记账柜员：	交易代码：	渠道：
附言：		
支付交易序号：		
报文种类：	委托日期：	
本回单为第　次打印，注意重复　打印日期：	打印柜员：	

图 3-21　购入 A 材料的银行网银回单

付　款　凭　证

贷方科目：				年　　月　　日			字第　　　号										

摘要	借方总账科目	明细科目	记账符号	金额									附单据张
				千	百	十	万	千	百	十	元	角	分	
合　计														

财务主管	记账	出纳	审核	割单

图 3-22　付款凭证

三、填制转账凭证和通用记账凭证

实训要求

根据提供的实训资料,填写转账凭证和通用记账凭证,并完成原始凭证的整理与粘贴。

实训资料

(1)2024 年 5 月 8 日,佛山市金菱有限公司生产 A 产品领用 A 材料 100 千克,单位成本 10 元。仓库:原材料仓库。领料单编号:20240508201。

(2)2024 年 5 月 10 日,佛山市金菱有限公司销售 A 产品 150 件给佛山市新兴科技有限公司,该公司为增值税一般纳税人,开出增值税专用发票一张,价款为 30000 元,税款为 3900 元,价税合计为 33900 元,已经收到佛山市新兴科技有限公司开来的转账支票一张。根据提供的原始凭证填制通用记账凭证。

实训指导

(一)转账凭证

转账凭证是根据有关除库存现金及银行存款收付款业务以外的转账类经济业务的原始凭证填制的。其填制方法如下。

(1)正上方的"年月日"栏按转账凭证的编制日期填写。

(2)右上方的"转字第号"栏按转账业务的填制顺序填写。

(3)"摘要"栏书写经济业务的简要内容。

(4)"总账科目"栏和"明细科目"栏分别填写经济业务发生后所涉及的全部一级科目名称及其所属的明细科目名称。

(5)在"借方金额"栏和"贷方金额"栏相应的行次内计算填列与前面会计科目及所属明细科目对应的应借或应贷的金额。

(6)最后一行"合计"栏填列借方会计科目金额合计和贷方会计科目金额合计,且两者应相等。

其他项目填写方法与收付款凭证基本相同。

(二)通用记账凭证

通用记账凭证是相对于专用记账凭证而言的。通用记账凭证没有按照经济内容进行分类,即直接编制会计分录,不做详细分类。采用通用记账凭证,将经济业务所涉及的会计科目全部填在一张凭证内,借方在前,贷方在后,将所记的应借应贷金额填在"借方金额"栏和"贷方金额"栏内,且借贷应相等。

实训延伸

(1)专用记账凭证分为收款凭证、付款凭证、转账凭证,根据经济业务内容的不同分别使用，而通用记账凭证可以记录所有经济业务。如果业务量大，选择专用记账凭证会更清晰。业务量小就没有必要了，可以使用通用记账凭证。

（2）专用记账凭证的优点是记录的业务分类清晰，缺点是由于增加了记账凭证的分类而使凭证记录内容繁杂，所以，除了财务业务量较大且需要及时分清各类记账凭证的单位使用外，一般的单位较少使用。

实训体验

根据以上信息，并结合图 3–23 至图 3–26，填制转账凭证（图 3–27）和记账凭证（图 3–28）。

领　料　单

领用部门：生产车间

仓库：原材料仓库　　　　2024 年 05 月 08 日　　　　编号：20240508201

编号	类别	材料名称	规格	单位	数量		实际成本	
					请领	实发	单价	金额
	原材料	A材料		千克	100	100	10.00	1,000.00
用途					领料部门		发料部门	
					负责人	领料人	核准人	发料人
						王莉	陈风	林悦

第三联　记账联

图 3–23　领用 A 材料的领料单

4400251140

广东增值税专用发票

№ 79473741　4400251140　79473741

发票联

机器编号：982888812388　　　　开票日期：2024年05月10日

购买方	名　　称：佛山市新兴科技有限公司 纳税人识别号：74800503190123776 地 址、电 话：佛山市文明路89号　570011 开户行及账号：中国建设银行 23443221330068156	密码区	3>>9*963*-0301152%9>4*1->34* 5*1719#4%#48%08>845%8*4776#9 170%*0159571*423*03078364>%* >40-810#767-645%811*098*230%

货物或应税劳务、服务名称	规格型号	单位	数量	单价	金额	税率	税额
A产品		件	150	200.00	30,000.00	13%	3,900.00
合　　计					¥30,000.00		¥3,900.00
价税合计（大写）	⊗ 叁万叁仟玖佰元整				（小写）¥33,900.00		

销售方	名　　称：佛山市金菱有限公司 纳税人识别号：91440503190123450A 地 址、电 话：佛山市南江二路26号 570000 开户行及账号：中国建设银行南江支行　1100631560002261122	备注	校验码 52118 0281[illegible] 08248 6519[illegible] 佛山市金菱有限公司 91440503190123450A 发票专用章

收款人：陈青青　　复核：王阳　　开票人：周晓红　　销售方：（章）

税总函[202X]××号×××公司

第三联：发票联　购买方记账凭证

图 3–24　销售 A 产品的增值税专用发票

出 库 单

出货单位：佛山市金菱有限公司　　　　日期：2024年05月10日　　　　　　　　单号：

提货单位（部门）：佛山市新兴科技有限公司　　销售单号：　　　　发货仓库：成品库　　出库日期：2024年05月10日

编码	名称	规格	单位	数量		单价	金额	
				应发	实发			会
002	A产品		件	150	150	200.00	30,000.00	计
								联
合计	人民币（大写）：叁万元整						¥30,000.00	

部门经理：　　　　会计：周晓红　　　　仓库：陈风　　　　经办人：林洋

图 3-25　销售 A 产品的出库单

中国建设银行　进账单（收账通知）　3

2024 年 05 月 10 日　　　№ 62044974

出票人	全 称	佛山市新兴科技有限公司	收款人	全 称	佛山市金菱有限责任公司
	账 号	23443221330068156		账 号	1100631560000226122
	开户银行	中国建设银行和平支行		开户银行	中国建设银行南江支行

金额 人民币（大写）叁万叁仟玖佰元整　　　亿 千 百 十 万 千 百 十 元 角 分　¥ 3 3 9 0 0 0 0 0

票据种类	转账支票	票据张数	
票据号码	00001167		

中国建设银行南江支行 2024.05.10 转讫

复核　　　记账　　　　　　　　收款人开户银行签章

此联是收款人开户银行交给收款人的收账通知

图 3-26　销售 A 产品的银行进账单

转 账 凭 证

年　　月　　日　　　转字第　号

摘要	总账科目	明细科目	记账符号	借方金额									记账符号	贷方金额									附单据
				千	百	十	万	千	百	十	元	角 分		千	百	十	万	千	百	十	元	角 分	
																							张
合计																							

财务主管　　　记账　　　　出纳　　　　审核　　　　制单

图 3-27　转账凭证

图 3-28 记账凭证

项目三　会计账簿

一、库存现金日记账的登记

⚑ 实训要求

（1）根据佛山市金菱有限公司 2024 年 5 月份的科目期初余额表开设库存现金日记账。

（2）根据佛山市金菱有限公司 2024 年 5 月份经济业务审核无误的银行存款付款凭证、库存现金付款凭证按时间顺序逐日逐笔登记库存现金日记账,并注意日清月结。

✍ 实训资料

（1）资料 1:佛山市金菱有限公司 2024 年 5 月份的科目期初余额表如表 3-2 所示。

表 3-2　期初余额表（元）

序号	科目编号	科目名称	方向	借方金额	贷方金额
1	1001	库存现金	借	9000.00	
2	1002	银行存款	借	985996.48	
3	100201	建行存款	借	985996.48	

续表

序号	科目编号	科目名称	方向	借方金额	贷方金额
4	1122	应收账款	借	580000.00	
5	112201	佛山市天艺批发公司	借	80000.00	
6	112202	佛山市安顺公司	借	500000.00	
7	1403	原材料	借	59530.00	
8	140301	A材料	借	32250.00	
9	140302	B材料	借	27280.00	
10	1405	库存商品	借	1877500.00	
11	140501	甲产品	借	897500.00	
12	140502	乙产品	借	980000.00	
13	1601	固定资产	借	1566370.00	
14	1602	累计折旧	贷		670000.00
15	2001	短期借款	贷		350000.00
16	2202	应付账款	贷		362000.00
17	220201	佛山市供电公司	贷		112000.00
18	220202	佛山市烽化公司	贷		250000.00
19	2211	应付职工薪酬	贷		373478.00
20	221101	工资	贷		373478.00
21	2221	应交税费	贷		101318.48
22	222103	应交增值税	贷		91000.00
23	22210301	进项税额	借	624000.00	
24	22210302	销项税额	贷		715000.00
25	222105	应交城市维护建设税	贷		6370.00
26	222106	应交教育费附加	贷		2730.00
27	222107	应交个人所得税	贷		1218.48
28	3001	实收资本	贷		2740000.00
29	300101	佛山市新兴科技有限公司	贷		2740000.00
30	3002	资本公积	贷		174000.00
31	3101	盈余公积	贷		49200.00
32	3103	本年利润	贷		297210.00
33	3104	利润分配	贷		121000.00
34	4001	生产成本	借	159810.00	
		小计		5238206.48	5238206.48

（2）资料2：本公司2024年5月份的全部审核无误的银行存款付款凭证、库存现金付款凭证，如图3-29、图3-30所示。

付 款 凭 证

贷方科目：银行存款　　　　　2024年5月5日　　　　　银付字第01号

摘 要	借 方 科 目		金 额										√
	一级科目	二级及明细科目	千	百	十	万	千	百	十	元	角	分	
提现	库存现金				2	0	0	0	0	0	0	0	
附 单 据 1 张	合 计				2	0	0	0	0	0	0	0	

会计主管：　　　复核：王阳　　　记账：　　　制单：周晓红

图 3-29　提现 – 银行存款付款凭证

付 款 凭 证

贷方科目：库存现金　　　　　2024年5月12日　　　　　现付字第01号

摘 要	一级科目	二级及明细科目	千	百	十	万	千	百	十	元	角	分
购买复印纸	管理费用	复印纸						5	0	0	0	0
	应交税费	应交增值税（进项税额）							6	5	0	0
附 单 据 2 张	合 计							5	6	5	0	0

会计主管：　　　复核：王阳　　　记账：　　　制单：周晓红

图 3-30　购买复印纸 – 库存现金付款凭证

❀ 实训指导

（一）账簿登记的基本要求

（1）登记会计账簿时，应当将会计凭证日期、编号、业务内容摘要、金额和其他有关资料逐项记入账内。做到数字准确、摘要清楚、登记及时、字迹工整。账簿记录中的日期，应该填写记账凭证上的日期；以自制原始凭证（如收料单、领料单等）作为记账依据的，账簿记录中的日期应按有关自制凭证上的日期填列。登记完毕后，要在记账凭证上签名或者盖章，并注明已经登账的符号。

（2）登记账簿必须使用蓝黑墨水笔或碳素墨水笔书写，不得使用圆珠笔（银行的复写账簿除外）或者铅笔书写。以下情况可以使用红色墨水笔记账。

一是，按照红字冲账的记账凭证，冲销错误记录。

二是，在不设借贷等栏的多栏式账页中，登记减少数。

三是，在三栏式账户的"余额"栏前，如未印明余额方向的，在"余额"栏内登记负数余额。

四是，根据国家统一的会计制度的规定可以用红字登记的其他会计记录。

（3）会计账簿应当按照连续编号的页码顺序登记。记账时发生错误或者隔页、缺号、跳行的,应在空页、空行处用红色墨水笔划对角线以示注销,或者注明"此页空白"或"此行空白"字样,并由记账人员和会计机构负责人(会计主管人员)在更正处签章确认。

(4)凡需要结出余额的账户,结出余额后,应当在"借或贷"栏目内注明"借"或"贷"字样,以示余额的方向;对于没有余额的账户,应在"借或贷"栏内写"平"字,并在"余额"栏"元"位处用"0"表示。日记账必须逐日结出余额。

(5)每一账页登记完毕结转下页时,应当结出本页发生额合计及余额,在该账页最末一行"摘要"栏注明"转次页"或"过次页",并将这一金额记入下一页第一行有关栏内,在该行"摘要"栏注明"承前页",以保持账簿记录的连续性,便于对账和结账。

(6)账簿记录发生错误时,不得刮擦、挖补或用褪色药水更改字迹,而应采用规定的方法更正。

(二)库存现金日记账的格式和登记方法

库存现金日记账,是用来核算和监督库存现金日常收、付和结存情况的序时账簿。其必须使用订本账,格式主要为三栏式(图3-31)。

图3-31 三栏式库存现金日记账

三栏式库存现金日记账,是用来登记库存现金的增减变动及其结果的日记账。设有"借方""贷方""余额"三个金额栏目,一般将其分别称为"收入""支出""结余"三个基本栏目。记账根据"上日余额 + 本日借方金额 − 本日贷方金额 = 本日金额"的公式,逐日结出余额,与库存现金实有金额核对。

实训延伸

《中华人民共和国会计法》第三条规定,各单位必须依法设置会计账簿,并保证其真实、完整。

《会计基础工作规范》第五十六条规定,各单位应当按照国家统一会计制度的规定和会计业务的需要设置账簿。

✎ 实训体验

（1）根据实训资料 1 登记库存现金日记账的期初余额。

（2）根据实训资料 2 按时间顺序逐日逐笔登记库存现金日记账。

二、银行存款日记账的登记

⚑ 实训要求

（1）根据佛山市金菱有限公司 2024 年 5 月份的科目期初余额表,开设银行存款日记账。

（2）根据佛山市金菱有限公司 2024 年 5 月份经济业务审核无误的银行存款收付款凭证、按时间顺序逐日逐笔登记银行存款日记账,并注意日清月结。

✍ 实训资料

（1）资料 1:佛山市金菱有限公司 2024 年 5 月份的科目期初余额表（表 3-2）。

（2）资料 2:本公司 2024 年 5 月份的全部审核无误的银行存款收付款凭证（图 3-32 至图 3-34）。

图 3-32 提现 - 银行存款付款凭证

图 3-33 销售 A 产品 - 银行存款收款凭证

付 款 凭 证

贷方科目：银行存款　　　　　　2024年5月10日　　　　　　银付字第02号

摘　要	借 方 科 目		金 额										√
	一级科目	二级及明细科目	千	百	十	万	千	百	十	元	角	分	
购买材料	在途物资	A材料				1	0	0	0	0	0	0	
	应交税费	应交增值税（进项税额）					1	3	0	0	0	0	
附 单 据　1　张		合计				1	1	3	0	0	0	0	

会计主管：　　　复核：王阳　　　记账：　　　制单：周晓红

图 3-34　购买材料 - 银行存款付款凭证

🔗 实训指导

银行存款日记账，是用来核算和监督银行存款每日的收入、支出和结余情况的账簿。银行存款日记账应按本单位在银行开立的账户和币种分别设置，每个银行账户设置一本日记账。格式与库存现金日记账相同，一般采用三栏式，三栏式银行存款日记账的格式，如图3-35所示。

图 3-35　三栏式银行存款日记账

银行存款日记账的登记方法与库存现金日记账的登记方法基本相同。根据银行存款收款凭证和有关的库存现金付款凭证（现金存银行的业务）登记银行存款"收入"栏，根据银行存款付款凭证登记银行存款"支出"栏。

记账根据"上日余额＋本日借方金额－本日贷方金额＝本日金额"的公式，逐日结出余额,做到日结。月终计算出银行存款全月收入、支出的合计数,做到月结。与银行对账单核对,如账实不符,应查明原因。

🎯 实训延伸

《会计基础工作规范》第五十七条规定,现金日记账和银行存款日记账必须采用订本式账簿。不得用银行对账单或者其他方法代替日记账。

✏️ 实训体验

（1）根据实训资料1登记银行存款日记账的期初余额。
（2）根据实训资料2按时间顺序逐日逐笔登记银行存款日记账。

三、科目余额汇总表的编制

🚩 实训要求

（1）根据佛山市金菱有限公司2024年5月份的科目期初余额表,填入科目余额汇总表的"期初余额"一栏。
（2）根据佛山市金菱有限公司2024年5月份经济业务审核无误的全部凭证汇总计算,得出各科目的本期汇总发生额（借方金额和贷方金额）,分别填入科目余额汇总表的本期发生额中的"借方金额"和"贷方金额"这两栏。
（3）根据每个科目的性质及期初余额和本期发生额,分别计算每个科目的期末余额。

🖊️ 实训资料

（1）资料1:佛山市金菱有限公司2024年5月份的科目期初余额表（表3-2）。
（2）资料2:本公司2024年5月份的全部审核无误的会计凭证（图3-36至图3-47）。

付 款 凭 证

贷方科目:银行存款　　　　　2024年5月5日　　　　银付字第01号

摘　要	借　方　科　目		金　额	√
	一级科目	二级及明细科目	千百十万千百十元角分	
提现	库存现金		2 0 0 0 0 0 0 0	
附 单 据 1 张		合　计	2 0 0 0 0 0 0 0	

会计主管:　　　复核:王阳　　　记账:　　　制单:周晓红

图3-36　提现－银行存款付款凭证

付 款 凭 证

贷方科目：银行存款　　　　　2024年5月10日　　　　　银付字第02号

摘　要	借　方　科　目		金　额										√
	一级科目	二级及明细科目	千	百	十	万	千	百	十	元	角	分	
购买材料	在途物资	A材料				1	0	0	0	0	0	0	
	应交税费	应交增值税（进项税额）					1	3	0	0	0	0	
附 单 据 1 张		合计				1	1	3	0	0	0	0	

会计主管：　　　复核：王阳　　　记账：　　　制单：周晓红

图 3-37　购买材料 – 银行存款付款凭证

收 款 凭 证

借方科目：银行存款　　　　　2024年5月10日　　　　　银收字第01号

摘　要	贷　方　科　目		金　额										√
	一级科目	二级及明细科目	千	百	十	万	千	百	十	元	角	分	
销售A产品	主营业务收入	A产品				3	0	0	0	0	0	0	
	应交税费	应交增值税（销项税额）					3	9	0	0	0	0	
附 单 据 2 张		合计				3	3	9	0	0	0	0	

会计主管：　　　复核：王阳　　　记账：　　　制单：周晓红

图 3-38　销售 A 产品 – 银行存款收款凭证

付 款 凭 证

贷方科目：库存现金　　　　　2024年5月12日　　　　　现付字第01号

摘　要	一级科目	二级及明细科目	千	百	十	万	千	百	十	元	角	分
购买复印纸	管理费用	复印纸					5	0	0	0	0	
	应交税费	应交增值税（进项税额）						6	5	0	0	
附 单 据 2 张		合计					5	6	5	0	0	

会计主管：　　　复核：王阳　　　记账：　　　制单：周晓红

图 3-39　购买复印纸 – 库存现金付款凭证

25

转 账 凭 证

2024年5月15日　　　　　　　　　　　　　　　　　转字第01号

摘　要	科　目		借方金额										贷方金额									√
	一级科目	二级及明细科目	千	百	十	万	千	百	十	元	角	分	千	百	十	万	千	百	十	元	角	分	
A材料入库	原材料	A材料		1	0	0	0	0	0	0													
	在途物资	A材料												1	0	0	0	0	0	0			
附 单 据 _1_ 张		合计		1	0	0	0	0	0	0				1	0	0	0	0	0	0			

会计主管　　　复核：王阳　　　记账　　　制单：周晓红

图 3-40　A 材料入库 – 转账凭证

转 账 凭 证

2024年5月31日　　　　　　　　　　　　　　　　　转字第02号

摘　要	科　目		借方金额										贷方金额									√
	一级科目	二级及明细科目	千	百	十	万	千	百	十	元	角	分	千	百	十	万	千	百	十	元	角	分	
生产产品，领用材料	生产成本	A产品			1	0	0	0	0	0													
	生产成本	B产品			9	6	0	0	0	0													
	原材料	A材料													1	0	0	0	0	0			
	原材料	B材料													9	6	0	0	0	0			
附 单 据 _2_ 张		合计			1	0	6	0	0	0					1	0	6	0	0	0			

会计主管　　　复核：王阳　　　记账　　　制单：周晓红

图 3-41　生产产品，领用材料 – 转账凭证

转 账 凭 证

2024年5月31日　　　　　　　　　　　　　　　　　转字第03号

摘　要	科　目		借方金额										贷方金额									√
	一级科目	二级及明细科目	千	百	十	万	千	百	十	元	角	分	千	百	十	万	千	百	十	元	角	分	
结转A产品销售成本	主营业务成本	A产品			1	8	7	5	0	0	0												
	库存商品	A产品													1	8	7	5	0	0	0		
附 单 据 _1_ 张		合计			1	8	7	5	0	0	0				1	8	7	5	0	0	0		

会计主管　　　复核：王阳　　　记账　　　制单：周晓红

图 3-42　结转 A 产品销售成本 – 转账凭证

转 账 凭 证

2024年5月31日 转字第04号

摘 要	科 目		借方金额	贷方金额	√
	一级科目	二级及明细科目	千 百 十 万 千 百 十 元 角 分	千 百 十 万 千 百 十 元 角 分	
结转未交增值税	应交税费	转出未交增值税	2 5 3 5 0 0		
	应交税费	未交增值税		2 5 3 5 0 0	
附 单 据 0 张		合计	2 5 3 5 0 0	2 5 3 5 0 0	

会计主管　　　复核：王阳　　　记账　　　制单：周晓红

图 3-43　结转未交增值税 – 转账凭证

转 账 凭 证

2024年5月31日 转字第05号

摘 要	科 目		借方金额	贷方金额	√
	一级科目	二级及明细科目	千 百 十 万 千 百 十 元 角 分	千 百 十 万 千 百 十 元 角 分	
计算税金及附加	税金及附加		2 5 3 5 0		
	应交税费	应交城市建设税		1 7 7 4 5	
	应交税费	应交教育费附加		7 6 0 5	
附 单 据 1 张		合计	2 5 3 5 0	2 5 3 5 0	

会计主管　　　复核：王阳　　　记账　　　制单：周晓红

图 3-44　计算税金及附加 – 转账凭证

转 账 凭 证

2024年5月31日 转字第06号

摘 要	科 目		借方金额	贷方金额	√
	一级科目	二级及明细科目	千 百 十 万 千 百 十 元 角 分	千 百 十 万 千 百 十 元 角 分	
结转成本费用类科目	本年利润		1 9 5 0 3 5 0		
	管理费用			5 0 0 0 0	
	主营业务成本	A产品		1 8 7 5 0 0 0	
	税金及附加			2 5 3 5 0	
附 单 据 0 张		合计	1 9 5 0 3 5 0	1 9 5 0 3 5 0	

会计主管　　　复核：王阳　　　记账　　　制单：周晓红

图 3-45　结转成本费用类科目 – 转账凭证

转 账 凭 证

2024年5月31日 转字第07号

摘 要	科 目		借方金额	贷方金额	√
	一级科目	二级及明细科目	千百十万千百十元角分	千百十万千百十元角分	
结转收入类科目	主营业务收入	A产品	3 0 0 0 0 0 0		
	本年利润			3 0 0 0 0 0 0	
附 单 据 __0__ 张		合计	3 0 0 0 0 0 0	3 0 0 0 0 0 0	

会计主管 复核：王阳 记账 制单：周晓红

图 3-46 结转收入类科目 – 转账凭证

转 账 凭 证

2024年5月31日 转字第08号

摘 要	科 目		借方金额	贷方金额	√
	一级科目	二级及明细科目	千百十万千百十元角分	千百十万千百十元角分	
计算所得税费用并结转	所得税费用		2 6 2 4 1 3		
	应交税费	应交企业所得税		2 6 2 4 1 3	
	本年利润		2 6 2 4 1 3		
	所得税费用			2 6 2 4 1 3	
附 单 据 __0__ 张		合计	5 2 4 8 2 6	5 2 4 8 2 6	

会计主管 复核：王阳 记账 制单：周晓红

图 3-47 计算所得税费用并结转 – 转账凭证

实训指导

（一）科目余额汇总表的格式

总账科目余额就是在总账一级科目的余额,如库存现金科目,就是库存现金科目的余额。其格式见表 3-3,每个总账科目,凡使用的都会有科目余额,这个余额要与该科目的明细账余额之和一致。

（二）科目余额表的具体编制方法

根据汇总的凭证形成每个科目的余额,而这些科目分属于资产、负债和所有者权益,所形成的等式就是资产 = 负债 + 所有者权益。科目余额汇总表就是各个科目的余额,一般包括期初余额、本期发生额（借方金额和贷方金额）、期末余额。

表 3-3　科目余额汇总表

科目名称	期初余额		本期发生额		期末余额	
	借方	贷方	借方	贷方	借方	贷方
合计						

期初余额直接在总账上抄,本期发生额是根据全部会计凭证进行汇总得出,所有凭证全部结转处理结束后才可以编制。不同类科目期末余额计算公式如下。

资产类或成本费用类科目期末余额 ＝ 期初余额 ＋ 本期借方金额 － 本期贷方金额

负债类、所有者权益类或收入利润类科目期末余额 ＝ 期初余额 ＋ 本期贷方金额 － 本期借方金额

实训延伸

依据借贷记账法的基本原理和记账规则:有借必有贷,借贷必相等。科目余额汇总表中的全部科目借方发生额合计应当等于全部科目的贷方发生额合计。

因此,科目余额汇总表也具有试算平衡的作用。该表也是科目汇总表核算程序下总分类账登记的依据。

实训体验

根据实训资料 1 和实训资料 2,正确计算和编制科目余额汇总表。

四、总分类账的编制

实训要求

(1)根据佛山市金菱有限公司 2024 年 5 月份的科目期初余额表,开设相应的总分类账,

并登记期初余额。

（2）根据佛山市金菱有限公司2024年5月份的科目余额汇总表,登记相应的总分类账。

实训资料

（1）资料1:佛山市金菱有限公司 2024 年 5 月份的科目期初余额表（表 3-2 ）。

（2）资料2:佛山市金菱有限公司 2024 年 5 月份的科目余额汇总表。

实训指导

（一）总分类账的格式

总分类账是按照总分类账户分类登记以提供总括会计信息的账簿。总分类账最常用的格式为三栏式,设有"借方""贷方""余额"三个金额栏目,其格式如图 3-48 所示。每个总账科目,凡使用的都会有科目余额,这个余额要与该科目的明细账余额之和一致。

图 3-48　总分类账

（二）总分类账的登记方法

总分类账的登记方法因登记的依据不同而有所不同。经济业务量小的小型单位的总分类账,可以根据记账凭证逐笔登记;经济业务量大的大中型单位的总分类账,可以根据科目汇总表或汇总记账凭证等定期登记。

实训延伸

总分类账与明细分类账的平行登记具体区别如下。

平行登记，是指对所发生的每项经济业务都要以会计凭证为依据，一方面记入有关总分类账户，另一方面记入所辖明细分类账户的方法。

平行登记的要点包括如下三点。其一，方向相同。在总分类账户及其所辖的明细分类账户中登记同一项经济业务时，方向应当相同，即在总分类账户中记入借方，在其所辖的明细分类账户中也应记入借方；在总分类账户中记入贷方，在其所辖的明细分类账户中也应记入贷方。其二，期间一致。发生的经济业务，记入总分类账户和所辖明细分类账户的具体时间可以有先后，但应在同一个会计期间记入总分类账户和所辖明细分类账户。其三，金额相等。记入总分类账户的金额必须与记入其所辖的一个或几个明细分类账户的金额合计数相等。

✐ 实训体验

根据实训资料，正确开设和登记各个总分类账。

五、原材料三栏明细账（数量金额式）的编制

⌐ 实训要求

（1）根据佛山市金菱有限公司 2024 年 5 月份的科目期初余额表（表 3-2），开设原材料三栏明细账，登记期初余额。

（2）根据佛山市金菱有限公司 2024 年 5 月份的全部审核无误的会计凭证，登记原材料数量金额式明细账。

✎ 实训资料

（1）2024 年 5 月 15 日，A 材料入库 1000 千克，单价 10 元（图 3-49）。

转 账 凭 证

	科 目		借方金额	贷方金额	√
摘 要	一级科目	二级及明细科目	千百十万千百十元角分	千百十万千百十元角分	
A材料入库	原材料	A材料	1 0 0 0 0 0		
	在途物资	A材料		1 0 0 0 0 0	
附 单 据 _1_ 张		合计	1 0 0 0 0 0	1 0 0 0 0 0	

2024年5月15日　　　　　　　转字第01号

会计主管　　　复核：王阳　　　记账　　　制单：周晓红

图 3-49　A 材料入库 - 转账凭证

（2）2024 年 5 月 31 日，结转生产产品，领用材料发出汇总。领用 A 材料 100 千克，单价 10 元，领用 B 材料 1000 千克，单价 9.6 元（图 3-50）。

👥 实训指导

（一）明细分类账的格式

明细分类账是根据有关明细分类账户设置并登记的账簿。它能提供交易或事项比较详细、具体的核算资料，以弥补总账所提供核算资料较少的不足。因此，各单位在设置总账的同时，还应设置必要的明细账。明细分类账一般采用活页式账簿、卡片式账簿。明细分类账一般根据记账凭证和相应的原始凭证进行登记。

转 账 凭 证

2024年5月31日　　　　　　　　　　　　　　　　　　转字第02号

摘　要	科　目		借方金额	贷方金额	√
	一级科目	二级及明细科目	千百十万千百十元角分	千百十万千百十元角分	
生产产品，领用材料	生产成本	A产品	1 0 0 0 0 0		
	生产成本	B产品	9 6 0 0 0 0		
	原材料	A材料		1 0 0 0 0 0	
	原材料	B材料		9 6 0 0 0 0	
附单据 2 张	合计		1 0 6 0 0 0 0	1 0 6 0 0 0 0	
会计主管　　复核：王阳　　记账　　　　制单：周晓红					

图 3-50　生产产品，领用材料 – 转账凭证

（二）明细分类账的登记方法

数量金额式明细账适用于既要核算金额，又要核算数量的各种财产物资类科目的明细分类核算。数量金额式账簿是指在一张账页上，分别在"借方""贷方""余额"三栏中设置"数量""金额"栏。它是根据材料、产成品等收发凭证逐笔登记的，既反映价值指标，又反映实物指标。

按材料名称及规格开设的明细账在账页左上角写材料名称及规格，在账页右上角写计量单位，登记开设账簿的日期，在"摘要"栏注明上期结转字样，并在"余额"栏登记上期转入的数量、单价和金额。"收入"栏的数量和单价金额根据"收料单"填写。

由于本企业发出材料采用月末一次加权平均法，因此在材料的"发出""结存"栏，每次仅填写数量，不填写单价和金额。月末计算加权平均单价以后，再汇总计算本月全部发出数量和金额。具体公式如下。

发出金额合计 = 发出数量合计 × 加权平均单价

结存金额合计 = 结存数量合计 × 加权平均单价

🔖 实训延伸

根据各种明细分类账所记录经济业务的特点，明细分类账的常用格式主要有以下三种。

第一，三栏式。三栏式账页是设有"借方""贷方""余额"三个栏目，用以分类核算各项经济业务，提供详细核算资料的账簿，其格式与三栏总账相同。

第二，多栏式。多栏式账页将属于同一个总账科目的各个明细科目合并在一张账页上进行登记，即在这种格式账页的"借方金额"或"贷方金额"栏内按照明细项目分设若干专栏。这种格式适用于收入、成本、费用类科目的明细核算。

第三，数量金额式。数量金额式适用于既要进行金额核算又要进行数量核算的账户，如原材料、库存商品等存货账户，其借方（收入）、贷方（发出）和余额（结存）都分别设有"数量""单价""金额"三个专栏。数量金额式账页提供了企业有关财产物资数量和金额收、发、存的详细资料，有助于加强财产物资的实物管理和使用监督，保证财产物资的安全完整。

✏ **实训体验**

根据实训资料，正确开设和登记原材料三栏明细账（图3-51）。

图3-51　原材料三栏明细账

六、应交税费－应交增值税多栏式明细账的编制

🏳 **实训要求**

（1）根据佛山市金菱有限公司2024年5月份的科目期初余额表（表3-2），开设应交税费－应交增值税多栏式明细账，登记期初余额。

（2）根据佛山市金菱有限公司2024年5月份的全部审核无误的会计凭证和增值税计算表，登记相应的应交税费－应交增值税多栏式明细账。

📎 **实训资料**

（1）资料1：佛山市金菱有限公司2024年5月份的科目期初余额表（表3-2）。

（2）资料2：佛山市金菱有限公司2024年5月份的全部审核无误的会计凭证及增值税计算表（图3-52）。

增值税计算表

填制日期：2024年5月31日

项目	行次	金额（元）
本月销项税额	1	3,900.00
本月进项税额	2	1,365.00
本月进项税转出	3	0.00
上期留抵税额	4	0.00
本月未交增值税	5	2,535.00

图 3-52 佛山市金菱有限公司 2024 年 5 月份增值税计算表

🐾 实训指导

（一）应交税费 – 应交增值税多栏式明细账的格式

多栏式明细分类账，是根据经济业务的特点和经营管理的需要，在一张账页内按有关明细科目或明细项目分设若干专栏，反映各有关明细科目或明细项目的核算资料。按明细分类账登记的经济业务不同，多栏式明细分类账页又分为借方多栏、贷方多栏和借贷方均多栏三种格式。多栏式明细分类账适用于收入、成本、费用类科目的明细核算。应交税费 – 应交增值税多栏式明细账的格式如图 3-53 所示。

图 3-53 应交税费 – 应交增值税多栏式明细账

（二）应交税费 – 应交增值税多栏式明细账的登记方法

一般纳税人在"应交税费 – 应交增值税"明细账的借、贷方设置科目，在"借方"栏内设"进项税额""已交税金""转出未交增值税"等科目；在"贷方"栏内设"销项税额""出口退税""进项税额转出""转出多交增值税"等科目。

一般纳税人在"应交税费"下设置"未交增值税"明细账，将多交税金从"应交增值税"的借方余额中分离出来，解决了多交税额和未抵扣进项税额混为一谈的问题，使增值税的多交、未交、应纳、欠税、留抵等科目一目了然，为申报表的正确编制提供了条件。

（1）"进项税额"专栏，记录企业购入货物或接受应税劳务而支付的、准予从销项税额中抵扣的增值税额。企业购入货物或接受应税劳务支付的进项税额，用蓝字登记；退回所购货物应冲销的进项税额，用红字登记。

（2）"已交税金"专栏,记录企业已缴纳的增值税额。企业已缴纳的增值税额用蓝字登记;退回多交的增值税额用红字登记。

（3）"减免税款"专栏,记录一般纳税人按现行增值税制度规定准予减免的增值税额。

（4）"出口抵减内销产品应纳税额"专栏,记录实行"免、抵、退"办法的一般纳税人按规定计算的出口货物的进项税抵减内销产品的应纳税额。

（5）"销项税额抵减"专栏,记录一般纳税人按照现行增值税制度规定因扣减销售额而减少的销项税额。

（6）"转出未交增值税"专栏,记录一般纳税人月终转出当月应交未交增值税。

（7）"销项税额"专栏,记录企业销售货物或提供应税劳务应收取的增值税额。企业销售货物或提供应税劳务应收取的销项税额,用蓝字登记;退回销售货物应冲销的销项税额,用红字登记。

（8）"进项税额转出"专栏,记录企业购进的货物发生非正常损失（非经营性损失）,以及将购进货物改变用途（如用于非应税项目、集体福利或个人消费等）,其抵扣的进项税额应通过"进项税额转出"科目转入有关科目,不予抵扣。

（9）"出口退税"专栏,记录一般纳税人出口货物、加工修理修配劳务、服务、无形资产按规定退回的增值税额。

（10）"转出多交增值税"专栏,分别记录一般纳税人月度终了转出当月多交的增值税额。

实训延伸

一般纳税人应在"应交税费"科目下设置"应交增值税""未交增值税"两个二级明细科目。

"应交增值税"明细科目中,应设置九项专栏,即:进项税额、已交税金、减免税款、出口抵减内销产品应纳税额、转出未交增值税、销项税额、进项税额转出、出口退税、转出多交增值税。科目的期末余额在借方,反映尚未抵扣的增值税。

"未交增值税"明细科目,核算企业月终时从"应交增值税"明细科目转入的应交未交增值税额、转入多交的增值税。本科目的期末借方余额反映多交的增值税,贷方余额反映未交的增值税。

当月上交本月增值税,借记"应交增值税"明细科目（已交税金）;当月上交上月应交未交的增值税,借记"未交增值税"明细科目。

如果是处于辅导期的企业还需要在"应交税费"科目下设置"待抵扣进项税额"明细科目。

小规模纳税人只需设置"应交增值税"二级明细科目,无须设置"应交增值税"三级明细科目。

实训体验

根据实训资料1和实训资料2登记应交税费 – 应交增值税多栏式明细账。

项目四　会计报表

一、资产负债表的编制

⊩ 实训要求

根据佛山市金菱有限公司 2024 年 5 月份的各科目总分类账和明细分类账,正确编制资产负债表。

⊗ 实训资料

佛山市金菱有限公司 2024 年 5 月份审核无误的各科目总分类账和明细分类账。

ஃ 实训指导

（1）编制财务报表的直接依据是会计账簿,所有报表数据都来源于会计账簿,为保证财务报表数据的正确性,编制报表之前必须做好对账和结账工作,做到账证相符、账账相符、账实相符,以保证报表数据的真实、准确。

（2）资产负债表是根据"资产 ＝ 负债 ＋ 所有者权益"这一会计平衡公式编制,反映企业在某一特定日期的财务状况的报表。其主要由表首、表体两部分组成。表首部分应列明报表名称、编制单位名称、资产负债表日、报表编号和计量单位;表体部分是资产负债表的主体,应列示用以说明企业财务状况的各个科目。财务报表应根据记录完整、审核无误的账簿记录和其他有关资料编制,做到数字真实、计算准确、内容完整、报送及时。

（3）财务报表的编制,主要是通过对日常会计核算记录的数据加以归集整理,使之成为有用的财务信息。资产负债表各科目均须填列"期末余额"和"年初余额"两栏。"年初余额"栏内各项数字,应根据上年年末资产负债表的"期末余额"栏内所列数字填列。如果上年度资产负债表规定的各科目的名称和内容与本年度不相一致,应按照本年规定对上年年末资产负债表各科目的名称和数字进行调整,填入本年度资产负债表"年初余额"栏内。资产负债表的"期末余额"栏主要有以下几种填列方法。

第一,根据总账科目余额直接填列。资产负债表大部分科目的填列都是根据有关总账科目的余额直接填列的。

第二,根据总账科目余额计算填列。例如"货币资金"科目,根据"库存现金""银行存款""其他货币资金"科目的期末余额合计数计算填列。

第三,根据明细科目余额计算填列。例如"应收账款"科目,应根据"应收账款""预收账款"两个科目所属的有关明细科目的期末借方余额扣除计提的减值准备后计算填列。

第四,根据总账科目余额和明细科目余额分析计算填列。例如"长期借款"科目,根据"长期借款"总账科目期末余额,扣除"长期借款"科目所属明细科目中反映的、将于一年内到期的长期借款部分,分析计算填列。

第五,根据科目余额减去其备抵科目后的净额填列。例如"无形资产"科目,根据"无形资产"科目的期末余额,减去"无形资产减值准备"与"累计摊销"备抵科目余额后的净额填列。

实训延伸

《纳税人财务会计报表报送管理办法》第四条规定,纳税人应当按照国家相关法律、法规的规定编制和报送财务会计报表,不得编制提供虚假的财务会计报表。纳税人的法定代表人或负责人对报送的财务会计报表的真实性和完整性负责。

《纳税人财务会计报表报送管理办法》第二十六条规定,纳税人提供虚假的财务会计报表,或者拒绝提供财务会计报表的,由主管税务机关依照《征管法》第七十条的规定处罚。

实训体验

根据实训资料,编制如下资产负债表(图 3-54)。

资 产 负 债 表

会小企01表

资产	行次	期末余额	年初余额	负债和所有者权益(或股东权益)	行次	期末余额	年初余额
流动资产:				**流动负债:**			
货币资金	1			短期借款	27		
短期投资	2			应付票据	28		
应收票据	3			应付账款	29		
应收账款	4			预收账款	30		
预付账款	5			应付职工薪酬	31		
应收股利	6			应交税费	32		
应收利息	7			应付利息	33		
其他应收款	8			应付利润	34		
存货	9			其他应付款	35		
其他流动资产	10			其他流动负债	36		
流动资产合计	11			流动负债合计	37		
非流动资产:				**非流动负债:**			
长期债券投资	12			长期借款	38		
长期股权投资	13			长期应付款	39		
固定资产原价	14			递延收益	40		
减:累计折旧	15			其他非流动负债	41		
固定资产账面价值	16			非流动负债合计	42		
在建工程	17			负债合计	43		
工程物资	18						
固定资产清理	19						
生产性生物资产	20			**所有者权益(或股东权益)**			
无形资产	21			实收资本(或股本)	44		
开发支出	22			资本公积	45		
长期待摊费用	23			盈余公积	46		
其他非流动资产	24			未分配利润	47		
非流动资产合计	25			所有者权益(或股东权益)合计	48		
资产总计	26			负债和所有者权益(或股东权益)总计	49		

图 3-54　资产负债表

二、利润表的编制

🏳 实训要求

根据佛山市金菱有限公司 2024 年 5 月份的各科目总分类账和明细分类账,正确编制利润表。

📝 实训资料

佛山市金菱有限公司 2024 年 5 月份审核无误的各科目总分类账和明细分类账。

🔖 实训指导

（1）利润表是反映企业在一定会计期间的经营成果的报表。它是根据“收入－费用＝利润”会计平衡公式,将应填列的科目分为收入科目、费用科目和利润科目。

（2）利润分为营业利润、利润总额和净利润,具体公式如下。

营业利润＝营业收入－营业成本－税金及附加－销售费用－管理费用－财务费用－
　　　　信用减值损失－资产减值损失＋公允价值变动收益（－公允价值变动损
　　　　失）＋投资收益（－投资损失）＋其他收益＋资产处置收益（－资产处置
　　　　损失）

其中

营业收入＝主营业务收入＋其他业务收入

营业成本＝主营业务成本＋其他业务成本

利润总额＝营业利润＋营业外收入－营业外支出

净利润＝利润总额－所得税费用

（3）利润表各科目须填列“本期金额”和“上期金额”两栏。其中“上期金额”栏内各项数字,应根据上期利润表的“本期金额”栏内所列数字填列。“本期金额”栏内各期数字,应当按照相关科目的发生额分析填列。

“营业收入”科目,根据“主营业务收入”和“其他业务收入”科目的发生额分析计算填列。

“营业成本”科目,根据“主营业务成本”和“其他业务成本”科目的发生额分析计算填列。

“税金及附加”科目,根据“税金及附加”科目的发生额分析填列。

“销售费用”“管理费用”“财务费用”“投资收益”“营业外收入”“营业外支出”“所得税费用”等科目,均根据对应科目的发生额分析填列。

营业利润、利润总额和净利润分别根据公式进行计算填列。

💡 实训延伸

《中华人民共和国会计法》第八条规定,国家实行统一的会计制度。国家统一的会计制度由国务院财政部门根据本法制定并公布。国务院有关部门可以依照本法和国家统一的会计制度制定对会计核算和会计监督有特殊要求的行业实施国家统一的会计制度的具体办法或者补充规定,报国务院财政部门审核批准。

《中华人民共和国会计法》第九条规定,各单位必须根据实际发生的经济业务事项进行会计核算,填制会计凭证,登记会计账簿,编制财务会计报告。任何单位不得以虚假的经济业务事项或者资料进行会计核算。

实训体验

根据实训资料,编制如下利润表(图 3-55)。

利润表

编制单位:　　　　　　　　　　　　年　月　　　　　　　　单位:元

项　目	本期金额
一、营业收入	
减:营业成本	
税金及附加	
销售费用	
管理费用	
财务费用	
资产减值损失	
加:公允价值变动收益(损失以"-"号填列)	
投资收益(损失以"-"号填列)	
其中:对联营企业和合营企业的投资收益	
二、营业利润(亏损以"-"号填列)	
加:营业外收入	
减:营业外支出	
其中:非流动资产处置损失	
三、利润总额(亏损总额以"-"号填列)	
减:所得税费用	
四、净利润(净亏损以"-"号填列)	
五、每股收益:	
(一)基本每股收益	
(二)稀释每股收益	

图 3-55　利润表

模块四
财务数据分析

项目一　知识储备

一、了解财务数据

在会计工作中,从不同渠道、不同来源取得的原始会计资料被称为会计数据。在大数据时代,会计数据获得的来源和渠道多样化,数据的范围更加全面,收集渠道多且收集成本降低。共享数据的出现,使得会计数据更加透明和开放。

一般而言,会计数据还不能作为人们分析、判断、得出结论的可靠依据,还需要通过进一步加工处理,使其成为会计信息。

会计数据通常以文字、数字、音像等多种格式对会计事实进行记录,会计数据是未经加工的原始素材,表示的是客观的事物,比如仓库的进货量、出库量、金额,应收账款产生的日期,回款的日期,某产品的订货量、生产量等。会计数据源于业务数据,新技术的发展使得业财融合更加深入。

信息是具有时效性的、有一定含义的、有逻辑的、经过加工处理的、对决策有价值的数据流。会计信息是对会计数据进行采集、录入、传递、加工、输出等环节后形成的,可以满足会计信息使用者的管理需求,具有有用性的特征。

二、财务数据分析的运用

财务人员应熟练地使用数据分析工具,利用数据去解决问题,查明问题背后的原因,从而为经营决策提供帮助。

通常情况下,财务数据分析的运用包括数据的获取、数据分析、运用信息解决问题三个方面。

(一)数据的获取

数据的获取是数据分析的第一步,是对原始数据进行清洗、筛选、整理,为进一步数据分析打下基础,形成数据池。

(二)数据分析

数据分析就是对原始数据进行一系列加工分解、组合、排序、重新计算、重组等,挖掘数据之间的逻辑性和相关性,并以可视化的形式展示信息。

(三)运用信息解决问题

运用可视化的信息提出解决问题的途径和思路,从而作出经营决策。具体运用如图4-1、图4-2所示。

1	品牌名称	买家昵称	付款日期	订单状态	交易金额（元）	邮费（元）	省份	城市	购买数量（件）
2	新征程鞋子	东风	2024/1/1 10:17	交易成功	156	6	上海	上海市	1
3	新征程鞋子	黄河	2024/1/1 10:59	交易成功	17	0	广东省	东莞市	1
4	新征程鞋子	爱莉	2024/1/1 7:48	交易成功	426	8	山东省	东营市	1
5	新征程鞋子	小绿叶	2024/1/1 9:15	付款以后用户	99	0	江苏省	镇江市	1
6	新征程鞋子	恐龙世界	2024/1/1 9:59	付款以后用户	76	0	上海	上海市	1
7	新征程鞋子	zhangzhang01	2024/1/1 10:00	交易成功	200	0	江苏省	南京市	1
8	新征程鞋子	好家伙	2024/1/1 10:00	交易成功	196	12	海南省	海口市	1

图 4-1　可视化订单信息

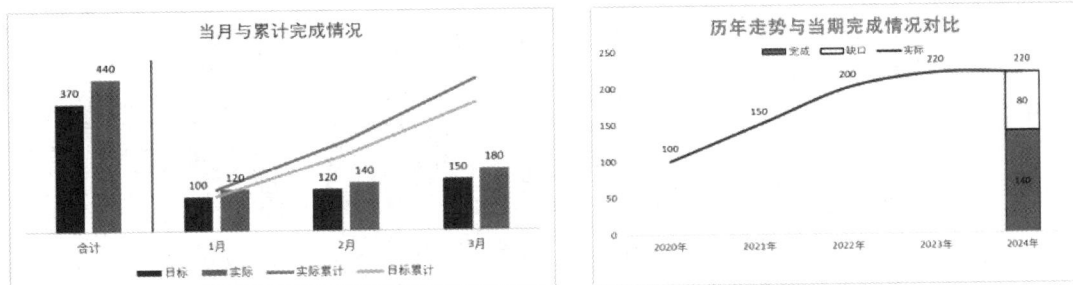

图 4-2　可视化销售信息

三、认知 Excel

Excel 是一款功能强大、使用方便的电子表格软件,可以完成复杂的原始数据的运算,也可以进行数据的分析和预测,还可以运用插件进行强大的图表制作和可视化分析。因此,本书主要以 Excel 2016 的操作环境来进行财务数据分析实训。

Microsoft Excel 是微软公司办公自动化软件 Microsoft Office 的一部分,主要的功能为制作 Excel 电子表格、Excel 数据管理、Excel 数据图表可视化等。大数据时代的数据来源十分丰富,不仅可以从单位内部获得数据,还可以运用 Python 等数据软件从数据库中或者从外部网站上"抓取"数据,并利用 Excel 进行处理和分析。

项目二　业务数据分析

一、编制月度销售情况统计表

实训要求

运用 Excel 中的函数,完成月度销售情况统计表,结果四舍五入保留两位小数。

实训资料

原始数据如图 4-3 所示。

	A	B	C	D	E	F	G	H
1	交易编号	销售日期	产品	类别	产地	销售数量	销售价格	销售成本
2	1002786732877351012	2024年3月1日	杨桃	水果	America	980	7.63	3.98
3	1002786732877351002	2024年3月1日	杨桃	水果	Australia	100	7.63	3.98
4	1002786732877351089	2024年3月2日	洋葱	蔬菜	China	1300	10.8	5.2
5	1002786732877351012	2024年3月2日	葡萄	水果	Japan	8041	21.06	16
6	1002786732877351072	2024年3月3日	苹果	水果	America	774	12.88	9.89
7	1002786732877351089	2024年3月4日	白菜	蔬菜	china	563	6.01	4.1
8	1002786732877882219	2024年3月5日	苹果	水果	America	2355	12.88	9.89
9	1002786732877357811	2024年3月6日	白菜	蔬菜	China	784	6.01	4.1
10	1002786732877358877	2024年3月7日	西葫芦	蔬菜	China	1456	6.98	3.2
11	1002786732877352236	2024年3月8日	西葫芦	蔬菜	China	1208	6.98	3.2
12	1002786732877351774	2024年3月9日	胡萝卜	蔬菜	China	1207	3.12	1.57
13	1002786732877351122	2024年3月10日	苹果	水果	Australia	1207	12.88	9.89
14	1002786732877771552	2024年3月11日	葡萄	水果	Japan	1207	10.68	16
15	1002786732877351012	2024年3月11日	杨桃	水果	America	1203	12	3.98
16	1002786732877789120	2024年3月12日	白菜	蔬菜	China	1205	6.01	4.1
17	1002786732877351013	2024年3月13日	白菜	蔬菜	China	1203	6.01	4.1
18	1002786732877351074	2024年3月15日	白菜	蔬菜	China	1203	6.01	4.1
19	1002786732877351012	2024年3月15日	白菜	蔬菜	China	1203	6.01	4.1
20	1002786732877351046	2024年3月17日	杨桃	水果	America	1201	13.2	3.98

图4-3　原始数据

👥 实训指导

（一）实训分析

销售是企业利润的来源,销售统计表作为会计数据的基础,主要用于数据的清洗与筛选,进而形成数据源,为后面进行财务数据分析做好准备。

（二）操作要点

（1）步骤1:利用SUMIF函数,由原始数据工作簿中的各个产品小计后自动取数。选择B4单元格,输入公式"=SUMIF(原始数据!C:F,A4,原始数据!F:F)",如图4-4所示。完成B4单元格后,再向下填充。

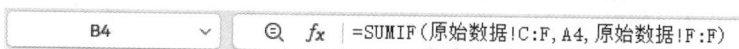

| B4 | ∨ | ⊕ | fx | =SUMIF(原始数据!C:F,A4,原始数据!F:F) |

图4-4　SUMIF函数

（2）步骤2:利用VLOOKUP函数,由原始数据工作簿中的各个产品查找后取数。选择C4单元格,输入公式"=VLOOKUP(A4,原始数据!C:G,5,FALSE,)",如图4-5所示。完成C4单元格后,再向下填充。

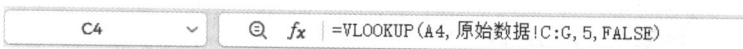

| C4 | ∨ | ⊕ | fx | =VLOOKUP(A4,原始数据!C:G,5,FALSE) |

图4-5　VLOOKUP函数

（3）步骤3:利用ROUND函数,将销量和平均单价相乘后四舍五入。选择D4单元格,输入公式"=ROUND(B4*C4,2)",如图4-6所示。完成D4单元格后,再向下填充。

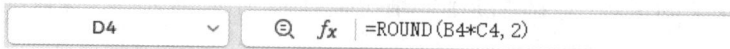

| D4 | ∨ | ⊕ | fx | =ROUND(B4*C4,2) |

图4-6　ROUND函数

（4）步骤4:按照前面的步骤2和步骤3依次完成平均成本和销售成本的函数计算。

完成后结果如图 4-7 所示。

产品	销量（件）	平均单价（元）	销售金额（元）	平均成本（元）	销售成本（元）
		3月销售情况统计表			
杨桃	3484	7.63	26582.92	3.98	13866.32
洋葱	1300	10.8	14040	5.2	6760
葡萄	9248	21.06	194762.88	16	147968
苹果	4336	12.88	55847.68	9.89	42883.04
白菜	6161	6.01	37027.61	4	24644
西葫芦	2664	6.98	18594.72	3.2	8524.8
胡萝卜	1207	3.12	3765.84	1.57	1894.99

图 4-7 计算结果

实训延伸

VLOOKUP 函数是 Excel 中的一个纵向查找函数，它与 LOOKUP 函数和 HLOOKUP 函数属于一类函数，在工作中都有广泛应用。VLOOKUP 是按列查找，最终返回该列所需查询列序对应的值，与之对应的 HLOOKUP 是按行查找的。该函数的语法规则如下。

VLOOKUP（Lookup_value，Table_array，Col_index_num，Range_lookup）具有以下参数。

（1）Lookup_value 是指需要在数据表第一列中进行查找的数值，Lookup_value 可以为数值引用或文本字符串。

（2）Table_array 为需要在其中查找数据的数据表，可以使用对区域或区域名称的引用。

（3）Col_index_num 为 Table_array 中查找数据的数据列序号，Col_index_num 为 1时，返回 Table_array 第一列的数值，Col_index_num 为 2 时，返回 Table_array 第二列的数值，以此类推。如果 Col_index_num 小于 1，函数 VLOOKUP 返回错误值 #VALUE!，如果 Col_index_num 大于 Table_array 的列数，函数 VLOOKUP 返回错误值 #REF!。

（4）Range_lookup 为一逻辑值，指明函数 VLOOKUP 查找时是精确匹配，还是近似匹配，如果为 FALSE 或 0，则返回精确匹配，如果找不到，则返回错误值 #N/A。如果 Range_lookup 为 TRUE 或 1，函数 VLOOKUP 将查找近似匹配值，也就是说，如果找不到精确匹配值，则返回小于 Lookup_value 的最大数值。如果 Range_lookup 省略，则默认为近似匹配。

If 函数是逻辑函数，表达的意思是当满足某条件时，返回一个值，否则返回另一个值。该函数的语法规则如下。

IF（Logical_text，[Value_if_true]，[Value_if_false]）具有以下参数。

（1）Logical_text 表示要判断的条件。

（2）Value_if_true 表示当满足判断的条件时返回的值。

（3）Value_if_false 表示当不满足判断的条件时返回的值。

实训体验

通过函数可以完成查找、统计、计算等功能，不仅可以提高效率，减少错误，还可以重复使用。每个月份更新原始数据表，就可以完成当月的销售统计表。

根据原始数据表，完成 3 月销售情况统计表，如表 4-1 所示。

表 4-1　3 月销售情况统计表

产品	销量（件）	平均单价（元）	销售金额（元）	平均成本（元）	销售成本（元）
杨桃	3484	7.63	26582.92	3.98	13866.32
洋葱	1300	10.8	14040	5.2	6760
葡萄	9248	21.06	194762.88	16	147968
苹果	4336	12.88	55847.68	9.89	42883.04
白菜	6161	6.01	37027.61	4	24644
西葫芦	2664	6.98	18594.72	3.2	8524.8
胡萝卜	1207	3.12	3765.84	1.57	1894.99

二、采购业务分析

实训要求

（1）根据"采购业务分析"工作表，绘制"2024 年 1 月采购到货情况分析表"。

（2）在"采购业务分析"工作表中绘制。

（3）根据 2024 年 1 月采购订单按时交货率情况绘制二维簇状柱形图。

注意：须按照采购订单号展示按时交货率，图表标题为"1 月采购订单按时交货率情况"，图表需要显示图表标题、横纵坐标轴、数据标签、网格线、图例，共计 5 项图表元素。

实训资料

2024 年 1 月采购到货情况分析表如图 4-8 所示。

				订单情况			实际交货情况					
供应商	产品名称	采购订单号	合同交货日期	订单数量（件）	订单含税金额（元）	实际到货日期	交货逾期天数（天）	到期交货量（件）	退货数量（件）	退货率	按时交货率
君达设备	发酵罐	CGDD0003	2024/1/17	742.00	55,897,700.00	2024/1/20		642	40		
	发酵罐	CGDD0006	2024/1/26	726.00	98,720,460.00	2024/1/28		700	0		
华润设备	碾米机	CGDD0004	2024/1/24	894.00	88,974,562.00	2024/1/24		745	14		
	碾米机	CGDD0007	2024/1/28	558.00	8,975,621.00	2024/1/29		558	0		
雅琪设备	储酒罐	CGDD0005	2024/1/25	583.00	16,887,444.00	2024/1/26		283	13		
东郡备件	拌料机	CGDD0008	2024/1/29	574.00	84,357,881.00	2024/1/29		480	25		

图 4-8　2024 年 1 月采购到货情况分析表

实训指导

（一）实训分析

采购到货情况是影响企业库存量的重要因素，存货的到货时间影响了存货的存储成本、生产交货的时间,甚至可能是企业潜在的商机。企业管理者需要对采购到货情况进行分析,以便更好地进行成本控制和购销存管理。

(二)操作要点

(1)步骤1:运用 DAYS 函数计算两个日期之间间隔的天数。在 H4 单元格中输入"=DAYS(G4,D4)",并向下填充,如图4-9所示。

图 4-9　DAYS 函数

(2)步骤2:运用 ROUND 函数进行数值运算后保留四位小数。在 K4 单元格中输入"=ROUND(J4/I4,4)",并向下填充,如图4-10所示。

图 4-10　ROUND 函数

(3)步骤3:运用 ROUND 函数进行数值运算后保留四位小数。在 L4 单元格中输入"=ROUND(I4/E4,4)",并向下填充。

(4)步骤4:建立新的数据工作表。在工作表空白处复制"2024 年1月采购到货情况分析表"中的"采购订单号"和"按时交货率"数据,完成后如图4-11所示。

(5)步骤5:选中数据工作表后点击"插入",选择二维簇状柱形图,如图4-12所示。

采购订单号	按时交货率
CGDD0003	86.52%
CGDD0006	96.42%
CGDD0004	83.33%
CGDD0007	100.00%
CGDD0005	48.54%
CGDD0008	83.62%

图 4-11　建立数据工作表　　　**图 4-12　绘制二维簇状柱形图**

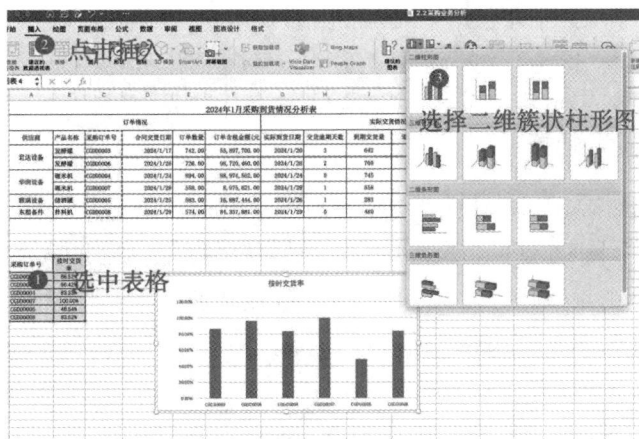

(6)步骤6:编辑图表,编辑后依次显示图表标题、横纵坐标轴、数据标签、网格线、图例,共计5项图表元素,如图4-13和图4-14所示。

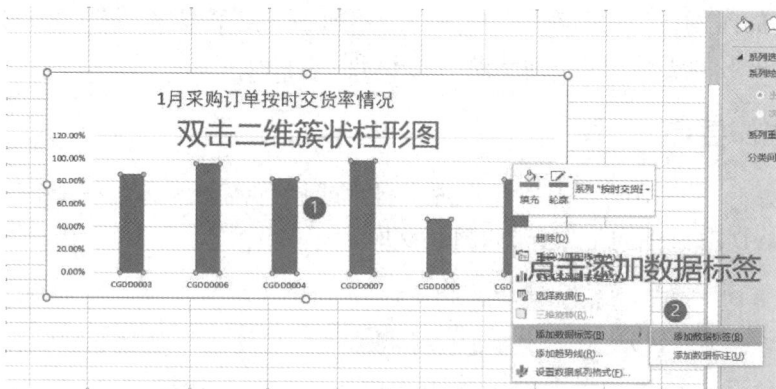

图 4-13 添加数据标签

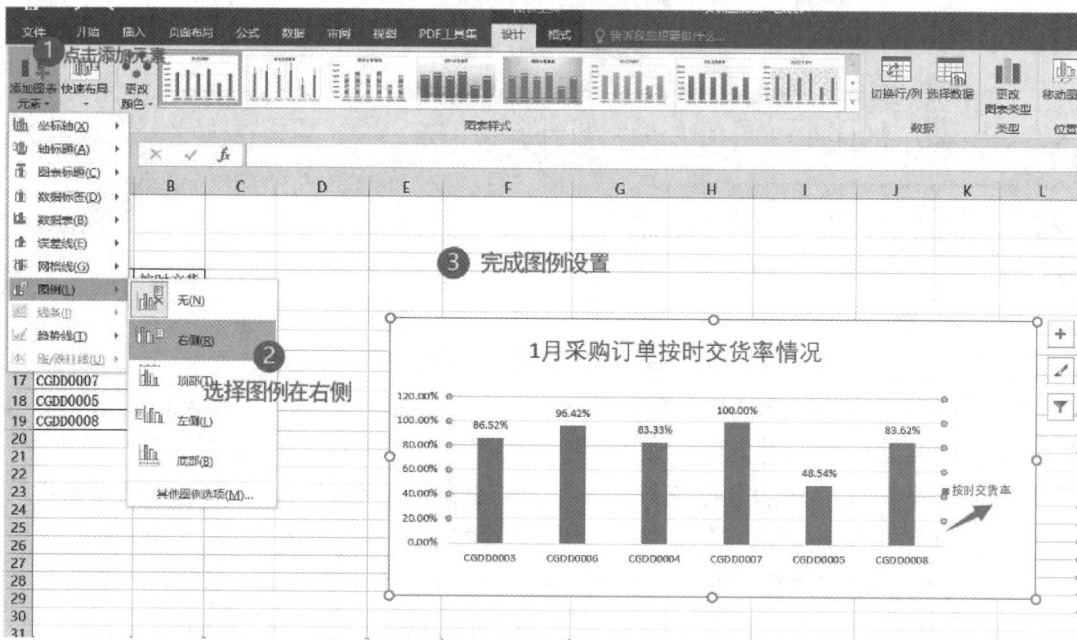

图 4-14 添加图例

实训延伸

DAYS360 函数是按照 1 年 360 天的算法（每个月以 30 天计，1 年共计 12 个月），返回两个日期之间间隔的天数，这种算法常用于财务和会计领域。如果会计系统是基于 1 年 12 个月，每月 30 天，则可用此函数帮助处理会计数据。该函数的语法规则如下。

DAYS360（Start_date，End_date，Method）具有以下参数。

（1）Start_date：开始日期。

（2）End_date：结束日期。

（3）Method：逻辑值，用来设置使用美国或欧洲的算法。False 或省略为美国算法，True 则为欧洲算法。

Start_date 和 End_date 两个参数是必须写的，且这两个参数的类型必须为日期型。

如果 Start_date 在 End_date 之后,则 DAYS360 将返回一个负数。

🖊 实训体验

图表因其直观性,比文字更能吸引人们的注意。同时图表也承担了绝大部分信息传达的功能,这样文字的功能更多体现为解释和说明。图表可以呈现数据的变化情况,Excel 中有三种迷你图样式,分别为折线图、柱形图和盈亏图,其中折线图和柱形图可以显示数据的高低变化,盈亏图显示数据的正负关系,案例中订单按时交货率情况不适用盈亏图。

根据实训资料完成:

(1)根据"2024 年 1 月采购到货情况分析表"完成 2024 年 1 月采购业务分析。

(2)根据"2024 年 1 月采购到货情况分析表"绘制"1 月采购订单按时交货率情况"二维簇状柱形图。

三、应收账款账龄分析表

⊟ 实训要求

运用 Excel 中的函数,完成应收账款账龄分析表的编制。

📑 实训资料

应收账款账龄分析表,如图 4-15 所示。

客户名称	业务员	信用期(天)	出货日期	应收账款(元)	应收款日期	实收款日期	收款金额(元)	欠款金额(元)	超过时间(天)	信用期内	0~30天	30~60天	60~90天	90天以上
				账龄日期:	2024-8-31									
郑州云裳	林欣	60	2024/3/5	285.00	2024/3/5									
郑州云裳	林欣	60	2024/3/5	86.30	2024/3/5									
郑州云裳	林欣	60	2024/3/5	360,000.00	2024/3/5									
上海联华	王文学	90	2024/3/6	854.00	2024/3/6	2024/3/10	854.00							
上海联华	王文学	90	2024/3/7	178.00	2024/3/7	2024/3/15	178.00							
上海联华	王文学	90	2024/3/2	12,840.00	2024/3/10									
海南椰岛	张明	60	2024/3/6	236,500.00	2024/3/12	2024/3/18	236,500.00							
海南椰岛	张明	60	2024/3/6	45,045.00	2024/3/12	2024/3/18	45,045.00							
海南椰岛	张明	60	2024/3/6	2,478.00	2024/3/16									
海南椰岛	张明	60	2024/3/6	28,750.00	2024/3/16									
郑州云裳	林欣	60	2024/3/8	124,564.00	2024/3/18									
郑州云裳	林欣	60	2024/3/8	584.45	2024/3/18									
郑州云裳	林欣	60	2024/3/8	84.66	2024/3/18									
四川绵长	张明	60	2024/3/20	2,211,445.00	2024/3/20	2024/3/20	2,211,445.00							
四川绵长	张明	60	2024/3/20	16,579.00	2024/3/20									
上海联华	王文学	90	2024/4/24	12,450.00	2024/5/5									
上海联华	王文学	90	2024/4/1	366,987.00	2024/5/10									
上海联华	王文学	90	2024/4/1	11,230.00	2024/6/1									
四川绵长	张明	120	2024/4/5	2,660.00	2024/6/5	2024/6/15	2,660.00							
四川绵长	张明	120	2024/4/5	18,774.00	2024/6/15	2024/4/25	18,000.00							
四川绵长	张明	120	2024/4/5	17,780.00	2024/4/5									
合计				1,813,800.00			605.00							

图 4-15　应收账款账龄分析表

🐾 实训指导

（一）实训分析

坏账准备是根据企业的应收款项（含应收账款、其他应收款等）计提的，是备抵科目。企业对坏账损失的核算，采用备抵法。在备抵法下，企业每期期末要估计坏账损失，设置"坏账准备"科目。备抵法是指采用一定的方法按期（至少每年年末）估计坏账损失，提取坏账准备并转作当期费用，实际发生坏账时，直接冲减已计提坏账准备，同时转销相应的应收账款余额的一种处理方法。

账龄分析法是根据应收账款账龄的长短来估计坏账损失的方法。通常而言，应收账款的账龄越长，发生坏账的可能性越大。为此，将企业的应收账款按账龄长短进行分组，分别确定不同的计提百分比估算坏账损失，可以使坏账损失的计算结果更符合客观情况。

（二）操作要点

（1）步骤1：计算欠款金额，等于应收账款减去收款金额，在单元格I4中输入公式"=E4–H4"。

（2）步骤2：计算超过时间（天），等于应收款日期减去截止日期，在单元格J4中输入公式"=IF（I4=0,0，DAYS360（F4，\$G\$2,1）–C4）"。

（3）步骤3：计算"信用期内"应收账款，若超过时间（天）为正数，则说明欠款金额已经超出信用期，因此未到期金额为零；否则，说明欠款在信用期内，未到期金额等于欠款金额。在单元格K4中输入公式"=IF（J4>0,0，I4）"。

（4）步骤4：计算"0～30天"应收账款，通过判断超过时间来计算应收账款。在单元格L4中输入公式"=IF（AND（J4>\$K\$2，J4<=\$L\$2），I4,0）"。

（5）步骤5：计算"30～60天"应收账款，通过判断超过时间来计算应收账款。在单元格M4中输入公式"=IF（AND（J4>\$L\$2，J4<=M2），I4,0）"。

（6）步骤6：计算"60～90天"应收账款，通过判断超过时间来计算应收账款。在单元格N4中输入公式"=IF（AND（J4>M2，J4<+N2），I4,0）"。

（7）步骤7：计算"90天以上"应收账款，通过判断超过时间来计算应收账款。在单元格O4中输入公式"=IF（J4>N2，I4,0）"。

公式设置和计算结果分别如图4–16和图4–17所示。

🐾 实训延伸

AND函数一般用来检验一组数据是否都满足条件。AND函数中所有参数的逻辑值都为真时，返回TRUE；只要一个参数的逻辑值为假，即返回FALSE。简言之，就是当AND的参数全部满足某一条件时，返回结果为TRUE，否则为FALSE。该函数的语法规则为AND（Logical1，Logical2，…），具有以下参数。

Logical1，Logical2，…允许1～30个条件表达式，而这些条件表达式返回的结果不是FALSE就是TRUE。参数必须是逻辑值，或者包含逻辑值的数组或引用。

应收账款账龄分析表

账龄日期：2024-8-31

客户名称	业务员	信用期(天)	出货日期	应收账款(元)	应收款日期	实收款日期	收款金额(元)	欠款金额(元)	超过时间(天)	信用期内	0~30天	30~60天	60~90天	90天以上
郑州云裳	林欣	60	2024/3/5	285.00	2024/3/5				=IF(I4=0,0,I4)	=IF(AND(J4>E$22,J4<=H$22),I4,0)	=IF(AND(J4>E$22,J4<=H$22),I4,0)	=IF(AND(J4>E$22,J4<=H$22),I4,0)	=IF(AND(J4>M$2,J4<=N$2),I4,0)	=IF(J4>N$2,I4,0)
郑州云裳	林欣	60	2024/3/5	86.30	2024/3/5									
郑州云裳	林欣	60	2024/3/5	360000.00	2024/3/5									
上海联华	王文学	90	2024/3/6	854.00	2024/3/6	2024/3/10	854.00							
上海联华	王文学	90	2024/3/7	178.00	2024/3/15	178.00								
上海联华	王文学	90	2024/3/2	12840.00	2024/3/10									
海南椰岛	张明	60	2024/3/6	236500.00	2024/3/12	2024/3/18	236500.00							
海南椰岛	张明	60	2024/3/6	45045.00	2024/3/12	2024/3/18	45045.00							
海南椰岛	张明	60	2024/3/6	2478.00	2024/3/16									
海南椰岛	张明	60	2024/3/6	28750.00	2024/3/16									
郑州云裳	林欣	60	2024/3/8	124564.00	2024/3/18									
郑州云裳	林欣	60	2024/3/8	584.45	2024/3/18									
郑州云裳	林欣	60	2024/3/8	84.66	2024/3/18									
四川绵长	张明	60	2024/3/20	2211445.00	2024/3/20	2024/3/20	2211445.00							
四川绵长	张明	60	2024/3/20	16579.00	2024/3/20									
上海联华	王文学	90	2024/4/24	12450.00	2024/5/5									
上海联华	王文学	90	2024/4/1	366987.00	2024/5/10									
上海联华	王文学	90	2024/4/1	11230.00	2024/6/1									
四川绵长	张明	120	2024/4/5	2660.00	2024/6/5	2024/6/15	2660.00							
四川绵长	张明	120	2024/4/5	18774.00	2024/4/25	18000.00								
四川绵长	张明	120	2024/4/5	17780.00	2024/4/5									
合计				1813800.00			605.000		=SUM(J4:J24)	=SUM(E4:E24)	=SUM(L4:L24)	=SUM(M4:M24)	=SUM(N4:N24)	=SUM(O4:O24)

图4-16　公式设置

应收账款账龄分析表

账龄日期：2024-8-31

客户名称	业务员	信用期(天)	出货日期	应收账款(元)	应收款日期	实收款日期	收款金额(元)	欠款金额(元)	超过时间(天)	信用期内	0~30天	30~60天	60~90天	90天以上
郑州云裳	林欣	60	2024/3/5	285.00	2024/3/5			285.00	115.00	0.00	0.00	0.00	0.00	285.00
郑州云裳	林欣	60	2024/3/5	86.30	2024/3/5			86.30	115.00	0.00	0.00	86.30	0.00	0.00
郑州云裳	林欣	60	2024/3/5	360000.00	2024/3/5			360000.00	115.00	0.00	0.00	0.00	0.00	360000.00
上海联华	王文学	90	2024/3/6	854.00	2024/3/6	2024/3/10	854.00	0.00	0.00	0.00	0.00	0.00	0.00	0.00
上海联华	王文学	90	2024/3/7	178.00	2024/3/15	178.00		0.00	0.00	0.00	0.00	0.00	0.00	0.00
上海联华	王文学	90	2024/3/2	12840.00	2024/3/10			12840.00	80.00	0.00	0.00	0.00	0.00	12840.00
海南椰岛	张明	60	2024/3/6	236500.00	2024/3/12	2024/3/18	236500.00	0.00	0.00	0.00	0.00	0.00	0.00	0.00
海南椰岛	张明	60	2024/3/6	45045.00	2024/3/12	2024/3/18	45045.00	0.00	0.00	0.00	0.00	0.00	0.00	0.00
海南椰岛	张明	60	2024/3/6	2478.00	2024/3/16			2478.00	104.00	0.00	0.00	0.00	0.00	2478.00
海南椰岛	张明	60	2024/3/6	28750.00	2024/3/16			28750.00	104.00	0.00	0.00	0.00	0.00	28750.00
郑州云裳	林欣	60	2024/3/8	124564.00	2024/3/18			124564.00	102.00	0.00	0.00	0.00	0.00	124564.00
郑州云裳	林欣	60	2024/3/8	584.45	2024/3/18			584.45	102.00	0.00	0.00	0.00	0.00	584.45
郑州云裳	林欣	60	2024/3/8	84.66	2024/3/18			84.66	102.00	0.00	0.00	0.00	0.00	84.66
四川绵长	张明	60	2024/3/20	2211445.00	2024/3/20	2024/3/20	2211445.00	0.00	0.00	0.00	0.00	0.00	0.00	0.00
四川绵长	张明	60	2024/3/20	16579.00	2024/3/20			16579.00	100.00	0.00	0.00	0.00	0.00	16579.00
上海联华	王文学	90	2024/4/24	12450.00	2024/5/5			12450.00	25.00	0.00	0.00	0.00	0.00	12450.00
上海联华	王文学	90	2024/4/1	366987.00	2024/5/10			366987.00	20.00	0.00	0.00	0.00	0.00	366987.00
上海联华	王文学	90	2024/4/1	11230.00	2024/6/1			11230.00	-1.00	11230.00	0.00	0.00	0.00	0.00
四川绵长	张明	120	2024/4/5	2660.00	2024/6/5	2024/6/15	2660.00	0.00	0.00	0.00	0.00	0.00	0.00	0.00
四川绵长	张明	120	2024/4/5	18774.00	2024/6/15	2024/4/25	18000.00	774.00	-45.00	774.00	0.00	0.00	0.00	0.00
四川绵长	张明	120	2024/4/5	17780.00	2024/4/5			17780.00	25.00	0.00	0.00	0.00	0.00	17780.00
合计				1813800.00			605.000	1813195.00	1063.00	12004.00	11230.00	86.30	0.00	943382.11

图4-17　计算结果

✎ 实训体验

完成应收账款账龄分析表的编制。

项目三　财务报表数据分析

一、编制比较报表

⊢ 实训要求

运用 Excel 中的函数，完成资产负债表比较报表的编制。

📑 实训资料

佛山市金菱有限公司 2024 年度资产负债表,如图 4-18 所示。

	A	B	C	D	E	F	G	H
2	编制单位:佛山市金菱有限公司				2024年12月31日			单位:元
3	资产	行次	期末余额	期初余额	负债和所有者权益	行次	期末余额	期初余额
4	流动资产:				流动负债			
5	货币资金	1	2,710,000	1,460,000	短期借款	35	3,210,000	2,460,000
6	交易性金融资产	2	510,000	810,000	交易性金融负债	36		
7	衍生金融资产	3			衍生金融负债	37		
8	应收票据	4	610,000	760,000	应付票据	38	460,000	410,000
9	应收账款	5	20,110,000	10,160,000	应付账款	39	5,210,000	5,660,000
10	应收款项融资	6			预收款项	40		
11	预付款项	7	810,000	410,000	合同负债	41	710,000	410,000
12	其他应收款	8	1,310,000	1,310,000	应付职工薪酬	42	1,010,000	1,160,000
13	存货	9	6,160,000	16,510,000	应交税费	43	660,000	810,000
14	合同资产	10			其他应付款	44	3,060,000	1,910,000
15	持有待售资产	11			持有待售负债	45		
16	一年内到期的非流	12	2,460,000	110,000	一年内到期的非流	46	2,710,000	110,000
17	其他流动资产	13	2,210,000	760,000	其他流动负债	47	360,000	460,000
18	流动资产合计	14	36,890,000	32,290,000	流动负债合计	48	17,390,000	13,390,000
19	非流动资产:				非流动负债:			
20	债权投资	15			长期借款	49	22,710,000	12,460,000
21	其他债权投资	16			应付债券	50	12,210,000	13,210,000
22	长期应收款	17			其中:优先股	51		
23	长期股权投资	18	1,710,000	2,460,000	永久债	52		
24	其他权益工具投资	19			租赁负债	53		
25	其他非流动金融资产	20			长期应付款	54		
26	投资性房地产	21			预计负债	55		
27	固定资产	22	62,010,000	48,560,000	递延收益	56		
28	在建工程	23	1,110,000	1,960,000	递延所得税负债	57		
29	生产性生物资产	24			其他非流动负债	58	3,710,000	3,960,000
30	油气资产	25			非流动负债合计	59	38,630,000	29,630,000
31	使用权资产	26			负债合计	60	56,020,000	43,020,000
32	无形资产	27	1,000,000	1,200,000	所有者权益(或股东			
33	开发支出	28			实收资本(或股本)	61	29,890,000	29,890,000
34	商誉	29			其他权益工具	62		
35	长期待摊费用	30			其中:优先股	63		
36	递延所得税资产	31	460,000	960,000	永久债	64		
37	其他非流动资产	32	360,000	110,000	资本公积	65	1,010,000	710,000
38	非流动资产合计	33	66,650,000	55,250,000	减:库存股	66		
39					其他综合收益	67		
40					专项储备	68		
41					盈余公积	69	3,910,000	2,210,000
42					未分配利润	70	12,710,000	11,710,000
43					所有者权益	71	47,520,000	44,520,000
44	资产总计	34	103,540,000	87,540,000	负债和所有者权益(或股东权益)总计	72	103,540,000	87,540,000

图 4-18　资产负债表

👥 实训指导

(一)实训分析

比较分析法是财务报表分析中最基础的分析方法。运用比较分析法可以揭示出不易直接观察到的变化,比较分析法可以对财务指标进行定性的鉴别和定量的分析。

(二)操作要点

（1）步骤 1:建立"比较报表"工作表,将资产负债表复制粘贴到"比较报表"工作表中。

（2）步骤2:插入变动值。在两个"期初余额"列后分别插入"变动额"列,录入公式:变动额 = 期末余额 – 期初余额,如 E5=C5–D5, J5=H5–I5,并向下复制公式。所得结果如图 4–19 所示。

资产	行次	期末余额	期初余额	变动额	负债和所有者权益(或股东权益)	行次	期末余额	期初余额	变动额
流动资产:					流动负债:				
货币资金	1	2,710,000	1,460,000	1,250,000	短期借款	35	3,210,000	2,460,000	750,000
交易性金融资产	2	510,000	810,000	-300,000	交易性金融负债	36			
衍生金融资产	3				衍生金融负债	37			
应收票据	4	610,000	760,000	-150,000	应付票据	38	460,000	410,000	50,000
应收账款	5	20,110,000	10,160,000	9,950,000	应付账款	39	5,210,000	5,660,000	-450,000
应收款项融资	6				预收款项	40			
预付款项	7	810,000	410,000	400,000	合同负债	41	710,000	410,000	300,000
其他应收款	8	1,310,000	1,310,000	0	应付职工薪酬	42	1,010,000	1,160,000	-150,000
存货	9	6,160,000	16,510,000	-10,350,000	应交税费	43	660,000	810,000	-150,000
合同资产	10				其他应付款	44	3,060,000	1,910,000	1,150,000
持有待售资产	11				持有待售负债	45			
一年内到期的非流	12	2,460,000	110,000	2,350,000	一年内到期的非流	46	2,710,000	110,000	2,600,000
其他流动资产	13	2,210,000	760,000	1,450,000	其他流动负债	47	360,000	460,000	-100,000
流动资产合计	14	36,890,000	32,290,000	4,600,000	流动负债合计	48	17,390,000	13,390,000	4,000,000
非流动资产:					非流动负债:				
债权投资	15				长期借款	49	22,710,000	12,460,000	10,250,000
其他债权投资	16				应付债券	50	12,210,000	13,210,000	-1,000,000
长期应收款	17				其中: 优先股	51			
长期股权投资	18	1,710,000	2,460,000	-750,000	永久债	52			
其他权益工具投资	19				租赁负债	53			
其他非流动金融资	20				长期应付款	54			
投资性房地产	21				预计负债	55			
固定资产	22	62,010,000	48,560,000	13,450,000	递延收益	56			
在建工程	23	1,110,000	1,960,000	-850,000	递延所得税负债	57			
生产性生物资产	24				其他非流动负债	58	3,710,000	3,960,000	-250,000
油气资产	25				非流动负债合计	59	38,630,000	29,630,000	9,000,000
使用权资产	26				负债合计	60	56,020,000	43,020,000	13,000,000
无形资产	27	1,000,000	1,200,000	-200,000	所有者权益(或股东				
开发支出	28				实收资本(或股本)	61	29,890,000	29,890,000	0
商誉	29				其他权益工具	62			
长期待摊费用	30				其中: 优先股	63			
递延所得税资产	31	460,000	960,000	-500,000	永久债	64			
其他非流动资产	32	360,000	110,000	250,000	资本公积	65	1,010,000	710,000	300,000
非流动资产合计	33	66,650,000	55,250,000	11,400,000	减: 库存股	66			
					其他综合收益	67			
					专项储备	68			
					盈余公积	69	3,910,000	2,210,000	1,700,000
					未分配利润	70	12,710,000	11,710,000	1,000,000
					所有者权益	71	47,520,000	44,520,000	3,000,000
资产总计	34	103,540,000	87,540,000	16,000,000	负债和所有者权益(或股东权益)总计	72	103,540,000	87,540,000	16,000,000

比较报表
编制单位: 佛山市金蒌有限公司　2024年12月31日　单位: 元

图 4–19　结果图

🖐 实训延伸

财务报表分析又称财务分析,是通过收集、整理企业财务会计报告中的有关数据,并结合其他有关补充信息,对企业的财务状况、经营成果和现金流量情况进行综合比较和评价,为财务会计报告使用者提供管理决策和控制依据的一项管理工作。

✐ 实训体验

完成资料中的资产负债表比较报表的编制。

二、编制财务报表比率分析表

🏳 实训要求

运用 Excel 中的函数,完成财务报表比率分析表的编制。

📑 实训资料

佛山市金菱有限公司 2024 年度资产负债表(图 4-18)和利润表(图 4-20)。

利润表			
			会企02表
编制单位: 佛山市金菱有限公司		2024年12月	单位: 元
项 目	行次	本年金额	上年金额
一、营业收入	1	18,645,600.00	19,456,870.00
减: 营业成本	2	1,568,900.00	1,650,000.00
税金及附加	3	1,400,000.00	1,400,000.00
销售费用	4	1,560,000.00	2,247,000.00
管理费用	5	3,478,050.00	2,500,000.00
研发费用	6		
财务费用	7	1,230,000.00	1,560,000.00
其中: 利息费用	8	1,230,000.00	1,560,000.00
利息收入	9		
加: 其他收益	10		
投资收益(损失以"-"号填列)	11	2,871,000.00	1,388,900.00
其中: 对联营企业和合营企业的投资收益	12		
以摊余成本计量的金融资产终止确认收益(损失以"-"	13		
净敞口套期收益(损失以"-"号填列)	14		
公允价值变动收益(损失以"-"号填列)	15	1,600,000.00	1,500,000.00
信用减值损失(损失以"-"号填列)	16		
资产减值损失(损失以"-"号填列)	17		
资产处置收益(损失以"-"号填列)	18		
二、营业利润(亏损以"-"号填列)	19	13,879,650.00	12,988,770.00
加: 营业外收入	20	800,000.00	650,000.00
减: 营业外支出	21	550,000.00	350,000.00
三、利润总额(亏损总额以"-"号填列)	22	14,129,650.00	13,288,770.00
减: 所得税费用	23	3,532,412.50	3,322,192.50
四、净利润(净亏损以"-"号填列)	24	10,597,237.50	9,966,577.50

图 4-20 利润表

👥 实训指导

(一)实训分析

由于进行财务分析的目的不同,因此各分析者包括债权人、管理当局和政府机构等采取的分析侧重点也不同,主要包括偿债能力分析、营运能力分析、盈利能力分析和发展能力分析这四大类财务比率分析。常用的财务比率分析指标公式如下所示。

1)短期偿债能力比率

$$流动比率 = 期末流动资产 \div 期末流动负债 \times 100\%$$

$$速动比率 = 期末速动资产 \div 期末流动负债 \times 100\%$$

$$速动资产 = 流动资产 - 存货$$

2)长期偿债能力比率

$$资产负债率 = 期末负债总额 \div 期末资产总额 \times 100\%$$

$$产权比率 = 期末资产总额 \div 期末所有者权益总额 \times 100\%$$

3)营运能力比率

$$存货周转率 / 次数 = 营业成本 \div [(期末存货 + 期初存货)/2] \times 100\%$$

$$总资产周转率 / 次数 = 营业收入 \div [(期末资产总额 + 期初资产总额)/2] \times 100\%$$

4)盈利能力比率

$$销售毛利率 = (营业收入 - 营业成本) \div 营业收入 \times 100\%$$

$$总资产收益率 = 净利润 \div [(期末资产总额 + 期初资产总额)/2] \times 100\%$$

5)发展能力比率

$$销售收入增长率 = 年营业收入增长额 \div 上年营业收入 \times 100\%$$

$$总资产增长率 = 本年资产增长额 \div 年初资产总额 \times 100\%$$

$$净利润增长率 = 本年净利润增长额 \div 上年净利润 \times 100\%$$

(二)操作要点

(1)步骤1:编制比率分析表(空表),如图 4-21 所示。

比率分析

短期偿债能力分析		长期偿债能力分析	
流动比率:		资产负债率:	
速动比率:		产权比率:	
营运能力分析		盈利能力分析	
存货周转率/次数:		销售毛利率:	
总资产周转率/次数:		总资产收益率:	
发展能力分析			
销售收入增长率:			
总资产增长率:			
净利润增长率:			

图 4-21　比率分析表

(2)步骤2:在单元格中逐项录入公式并得出计算结果,如图 4-22、图 4-23 所示。

比率分析

短期偿债能力分析		长期偿债能力分析	
流动比率：	=资产负债表!C18/资产负债表!H18	资产负债率：	=资产负债表!H31/资产负债表!C44
速动比率：	=(资产负债表!C18-资产负债表!C13)/资产负债表!H1	产权比率：	=资产负债表!C44/资产负债表!H43
营运能力分析		盈利能力分析	
存货周转率/次数：	=利润表!C6/((资产负债表!C13+资产负债表!D13)/2)	销售毛利率：	=(利润表!C5-利润表!C6)/利润表!C5
总资产周转率/次数：	=利润表!C5/((资产负债表!C44+资产负债表!D44))/2	总资产收益率：	=利润表!C28/(资产负债表!C44+资产负债表!D44)
发展能力分析			
销售收入增长率：	=(利润表!C5-利润表!D5)/利润表!D5		
总资产增长率：	=(资产负债表!C44-资产负债表!D44)/资产负债表!D4		
净利润增长率：	=(利润表!C28-利润表!D28)/利润表!D28		

图 4-22　录入公式

比率分析

短期偿债能力分析		长期偿债能力分析	
流动比率：	2.12	资产负债率：	0.54
速动比率：	1.77	产权比率：	2.18
营运能力分析		盈利能力分析	
存货周转率/次数：	0.14	销售毛利率：	91.59%
总资产周转率/次数：	0.05	总资产收益率：	5.55%
发展能力分析			
销售收入增长率：	-4.17%		
总资产增长率：	18.28%		
净利润增长率：	6.33%		

图 4-23　计算结果

实训延伸

比率分析法是对同一期财务报表上若干项目的相关数据进行比较，求出比率，用以分析和评价公司的经营活动以及公司历史和现在财务状况的一种方法，是财务分析的基本工具。比率分析包括资产负债表内部项目、利润表内部项目和两表项目之间的比率，通常用来评价公司的风险水平、股东创造利润的能力等。其指标包括结构比率、相关比率、强度比率等。

实训体验

编制财务报表比率分析表。

模块五

综合实训

⊟ 实训要求

根据实训资料,审核原始凭证,编制记账凭证,登记总账、明细账和日记账,并编制财务报表。

◈ 实训资料

一、佛山市金菱有限公司基本情况

佛山市金菱有限公司是一家民营的有限责任公司,生产销售 A、B 两种产品。

(一)公司基本信息

(1)企业名称:佛山市金菱有限公司。

(2)地址、邮编:佛山市南江二路 26 号、570000。

(3)电话:0757-8637××××。

(4)纳税人识别号:91440503190123××××。

(5)开户银行:中国建设银行南江支行。

(6)账号:110063156000226××××。

(二)财务人员信息

(1)法人代表:李晓林。

(2)会计主管:王阳。

(3)会计:周晓红。

(4)出纳:陈青青。

二、佛山市金菱有限公司采用的会计政策和核算方法

(1)公司执行我国《小企业会计准则》和《会计基础工作规范》。

(2)公司经国家税务总局佛山市税务局认定为增值税一般纳税人,增值税税率为 13%,城市维护建设税税率为 7%,教育费附加税率为 3%,企业所得税税率为 25%(企业所得税实行查账计征,按季预缴及计提、年终汇算清缴)。

(3)采购和销售业务的单价均为不含税价格。

(4)主营业务:生产销售 A、B 两种产品。

(5)生产组织形式和工艺流程:设有一个基本生产车间,单步骤大批量重复生产 A、B 两种产品。

(6)单位成本计算保留两位小数,分配率计算保留四位小数,其他会计核算均保留两位小数。

(7)存货按实际成本计价,发出存货成本于月末采用一次加权平均法,产生的尾差

由结存存货承担。

（8）企业有一个基本生产车间，生产 A、B 两种产品，按品种法计算产品成本。生产用材料全部外购，原材料在生产开始时一次投入，当在产品完工程度达到 50% 时，按约当产量法计算完工产品成本和月末在产品成本。制造费用按产品生产工时比例分配，尾差由 B 产品承担。按约当产量法分配时，单位成本（分配率）保留两位小数，产生尾差由在产品承担。

（9）固定资产折旧方法采用年限平均法，按月综合折旧率 0.5% 计提。

（10）各类社会保险及经费的计提比例如表 5-1 所示。

表 5-1　各类社会保险及经费的计提比例明细表

类别	养老保险	医疗保险	失业保险	工伤保险	生育保险	住房公积金	工会经费	职工教育经费
企业负担	20%	12%	2%	2%	1%	12%	2%	2.5%
个人负担	8%	2%	1%	—	—	12%	—	—

需要说明的是，职工福利费按实际发生数列支，不按比例计提；各类社会保险金当月计提；按照国家有关规定，公司代扣代缴个人所得税，其费用扣除标准为每月 5000 元。

由个人承担的社会保险费、住房公积金在缴纳时通过"其他应付款"科目进行核算。个人所得税由公司代扣代缴，通过"应交税费"账户科目进行核算。

（11）采用科目汇总表核算形式，全月汇总一次。

（12）每月末将各损益类账户余额转入本年利润账户，损益结转采用账结法，结转时按收入和支出分别填制记账凭证。

三、期初余额

记账凭证的明细科目需要根据企业预设科目填列。库存现金日记账需要日结，银行存款日记账无须日结。往来明细账（应收/应付账款、预收/预付账款）不需要本月合计。2024 年 5 月佛山市金菱有限公司科目期初余额具体内容如表 5-2 所示。

表 5-2　2024 年 5 月佛山市金菱有限公司科目期初余额表（元）

序号	科目编号	科目名称	方向	借方金额	贷方金额
1	1001	库存现金	借	9000.00	
2	1002	银行存款	借	985996.48	
3	100201	建行存款	借	985996.48	
4	1122	应收账款	借	580000.00	
5	112201	佛山市天艺批发公司	借	80000.00	

序号	科目编号	科目名称	方向	借方金额	贷方金额
6	112202	佛山市安顺公司	借	500000.00	
7	1403	原材料	借	59530.00	
8	140301	A 材料	借	32250.00	
9	140302	B 材料	借	27280.00	
10	1405	库存商品	借	1877500.00	
11	140501	A 产品	借	897500.00	
12	140502	B 产品	借	980000.00	
13	1601	固定资产	借	1566370.00	
14	1602	累计折旧	贷		670000.00
15	2001	短期借款	贷		350000.00
16	2202	应付账款	贷		362000.00
17	220201	佛山市供电公司	贷		112000.00
18	220202	佛山市烽化公司	贷		250000.00
19	2211	应付职工薪酬	贷		373478.00
20	221101	工资	贷		373478.00
21	2221	应交税费	贷		101318.48
22	222103	应交增值税	贷		91000.00
23	22210301	进项税额	借	624000.00	
24	22210302	销项税额	贷		715000.00
25	222105	应交城市维护建设税	贷		6370.00
26	222106	应交教育费附加	贷		2730.00
27	222107	应交个人所得税	贷		1218.48
28	3001	实收资本	贷		2740000.00
29	300101	佛山市新兴科技有限公司	贷		2740000.00
30	3002	资本公积	贷		174000.00
31	3101	盈余公积	贷		49200.00
32	3103	本年利润	贷		297210.00

续表

序号	科目编号	科目名称	方向	借方金额	贷方金额
33	3104	利润分配	贷		121000.00
34	4001	生产成本	借	159810.00	
		小计		5238206.48	5238206.48
		资产			4568206.48
		负债			1186796.48
		所有者权益			3381410.00
		资产 = 负债 + 所有者权益			4568206.48

该公司期初原材料数据情况如表 5-3 所示。

表 5-3　期初原材料数据

材料名称	期初结存数量 (千克)	期初结存金额 （元）	单价 （元）
A 材料	3225	32250.00	10
B 材料	3410	27280.00	8
合计	6635	59530.00	

该公司期初商品结存情况如表 5-4 所示。

表 5-4　期初商品结存表

商品名称	期初结存数量 （件）	期初结存金额 （元）	单价 （元）
A 产品	7180	897500.00	125
B 产品	4900	980000.00	200
合计	12080	1877500.00	

实训指导

四、经济业务题

（1）认真阅读企业相关基础资料。

（2）根据提供的资料,编制材料采购成本计算表等原始凭证,再编制记账凭证。

（3）涉及材料领用、产品入库的业务,暂不做账,期末一次核算。

（4）审核记账凭证。

（5）对账、结账。

（6) 编制财务报表。

实训体验

根据原始凭证,填写记账凭证。

（1）2024 年 5 月 4 日,购入 A 材料、B 材料,未入库（图 5-1 至图 5-6）。

材料采购成本计算表

供应单位:北京中益商贸有限公司　　　　　　　　　　　　　　　　　发票号码:

收发类别:　　　　　　　　　　　　　　　　　　　　　　　　　　收料单编号:

地址:　　　　　　　2024 年　05 月　04 日　　　　　　　　　收料仓库:　原材料仓库

编号	名称	规格	单位	数量		实际成本				
				应收	实收	买价		运杂费	其他	合计
						单价	金额			
1	A材料		千克	1000	1000	20.00	20,000.00	200.00		20,200.00
2	B材料		千克	2000	2000	15.00	30,000.00	300.00		30,300.00
合　　计							¥50,000.00	¥500.00		¥50,500.00
备　　注										

采购员: XX　　　　　检验员: XXX　　　　　记账员: XXX　　　　　保管员: XX

图 5-1　材料采购成本计算表

图 5-2　购销合同

广 东 增值税电子专用发票

发票代码：921840385020
发票号码：82316215
开票日期：2024年05月04日
校验码：76350331749391502531

机器编号：187705124367

密码区
16-422>-#26070>*6#10932695-%
%*3#%4954%151%>0256-6221**95
*5##07>363)8>6)>0-88%506)->7
-677%-2)92%-462%-67#>767#358

购买方
名　　称：佛山市金菱有限公司
纳税人识别号：91440503190123450A
地址、电话：佛山市南江二路26号 0757-86373695
开户行及账号：中国建设银行南江支行 1100631560002261122

项目名称	规格型号	单位	数量	单价	金额	税率	税额
运费		次	1	500.00	500.00	9%	45.00
合　计					¥500.00		¥45.00

价税合计（大写）　伍佰肆拾伍元整　　　　　（小写）¥545.00

销售方
名　　称：佛山邦物流有限公司
纳税人识别号：110302837928479
地址、电话：顺义新区新华路23号010-234234594
开户行及账号：工行顺义新区支行68833974928329
备注

收款人：XX　　复核：XXX　　开票人：XXX

图 5-3　运费的增值税电子专用发票

广 东 增值税电子专用发票

发票代码：741354910839
发票号码：80830503
开票日期：2024年05月04日
校验码：22160784332745752395

机器编号：171047001669

密码区
37068%-975-0034521331%5602
%7*>5%#54%964510363#33%6316>
>%#62859*8*03>9%*591814605%
32498#1*75904-50#0%%#3261#*-

购买方
名　　称：佛山市金菱有限公司
纳税人识别号：91440503190123450A
地址、电话：佛山市南江二路26号 0757-86373695
开户行及账号：中国建设银行南江支行 1100631560002261122

项目名称	规格型号	单位	数量	单价	金额	税率	税额
A材料		千克	1000	20.00	20,000.00	13%	2,600.00
B材料		千克	2000	15.00	30,000.00	13%	3,900.00
合　计					¥50,000.00		¥6,500.00

价税合计（大写）　伍万陆仟伍佰元整　　　　　（小写）¥56,500.00

销售方
名　　称：北京中益商贸有限公司
纳税人识别号：719375133000095800
地址、电话：朝阳区邦领路701号010-12480983
开户行及账号：工行创旭路支行23035417473377
备注

收款人：XX　　复核：XXX　　开票人：XXX

图 5-4　材料－增值税电子专用发票

中国建设银行　网银回单　付款凭证

日期：2024 年 05 月 05 日　回单编号：2737

付款人户名：佛山市金菱有限公司　付款人开户行：中国建设银行南江支行

付款人账号(卡号)：1100631560002261122

收款人户名：北京中益商贸有限公司　收款人开户行：工行创旭路支行

收款人账号(卡号)：23035417473377

金额：人民币 伍万陆仟伍佰元整　小写：¥56,500.00

业务(产品)种类：　凭证种类：　凭证号码：

摘要：　用途：　币种：

交易机构：　记账柜员：　交易代码：　渠道：

附言：

支付交易序号：

报文种类：　委托日期：　业务种类：

本回单为第 1 次打印，注意重复　打印日期：2024.05.05　打印柜员：　验证码：

中国建设银行南江支行 网银回单 专用章

图 5–5　材料 – 银行网银回单

中国建设银行　网银回单　付款凭证

日期：2024 年 05 月 06 日　回单编号：8959

付款人户名：佛山市金菱有限公司　付款人开户行：中国建设银行南江支行

付款人账号(卡号)：1100631560002261122

收款人户名：佛山邦物流有限公司　收款人开户行：工行顺义新区支行

收款人账号(卡号)：68833974928329

金额：人民币 伍佰肆拾伍元整　小写：¥545.00

业务(产品)种类：　凭证种类：　凭证号码：

摘要：运费　用途：付运费　币种：

交易机构：　记账柜员：　交易代码：　渠道：

附言：

支付交易序号：

报文种类：　委托日期：2024.05.06　业务种类：

本回单为第 1 次打印，注意重复　打印日期：2024.05.06　打印柜员：　验证码：

中国建设银行南江支行 网银回单 专用章

图 5–6　付运费 – 银行网银回单

（2）2024 年 5 月 7 日，材料入库（图 5–7）。

材料入库单

发票号码：

供应单位：北京中益商贸有限公司

收发类别：

2024 年 05 月 07 日

收料单编号：

收料仓库：原材料仓库

编号	名称	规格	单位	数量		实际成本				
				应收	实收	买价		运杂费	其他	合计
						单价	金额			
1	A材料		千克	1000	1000	20.00	20,000.00	200.00		20,200.00
2	B材料		千克	2000	2000	15.00	30,000.00	300.00		30,300.00
	合　计			3000	3000		¥50,000.00	¥500.00		¥50,500.00
	备　注									

采购员：XX　　　　　检验员：XXX　　　　　记账员：XXX　　　　　保管员：XX

图 5-7　材料入库单

（3）2024 年 5 月 9 日，办公室购买复印纸（图 5-8、图 5-9）。

广　东　增值税电子专用发票

发票代码：687382277228
发票号码：73443339
开票日期：2024年05月09日
校验码：15763510071616938020

机器编号：008076368958

购买方		
名　称	佛山市金菱有限公司	
纳税人识别号	91440503190123450A	
地址、电话	佛山市南江二路26号 0757-86373695	
开户行及账号	中国建设银行南江支行 1100631560002261122	

密码区：
#%2984852-#*#2>78>*82610>>>2
4174*3687770*55%>382#*214%*8
603449>685863>0*2836>8->%731
012%#%3*348>%1783>*9599-3860

项目名称	规格型号	单位	数量	单价	金额	税率	税额
复印纸		盒	10	50.00	500.00	13%	65.00
合　计					¥500.00		¥65.00

价税合计（大写）　伍佰陆拾伍元整　　　　　　（小写）¥565.00

销售方		
名　称	心意文具	
纳税人识别号	736612655965873338	
地址、电话	江北路41号 098844223	
开户行及账号	工商银行江北支行 1223443344454	

备注

发票专用章
736612655965873338

收款人：XX　　　　　复核：XXX　　　　　开票人：XX

图 5-8　购买复印纸的增值税专用发票

中国建设银行　网银回单　**付款凭证**

日期：2024 年 05 月 09 日　回单编号：3924

付款人户名：佛山市金菱有限公司　付款人开户行：中国建设银行南江支行

付款人账号(卡号)：1100631560002261122

收款人户名：心意文具　收款人开户行：工商银行江北支行

收款人账号(卡号)：1223443344454

金额：人民币 伍佰陆拾伍元整　小写：¥565.00

业务(产品)种类：　凭证种类：　凭证号码：

摘要：　用途：购买复印纸　币种：

交易机构：　记账柜员：　交易代码：　渠道：

附言：

支付交易序号：

报文种类：　委托日期：2024.05.09　业务种类：

本回单为第 1 次打印，注意重复　打印日期：2024.05.09　打印柜员：　验证码：

中国建设银行南江支行 网银回单专用章

图 5–9　购买复印纸的银行网银回单

(4)2024 年 5 月 10 日，收到上月欠款(图 5–10)。

中国建设银行股份有限公司　业务回单（收款）

日期：2024 年 05 月 10 日

回单编号：54375967781

付款人户名：佛山市天艺批发公司　付款人开户行：中国建设银行江北支行

付款人账号(卡号)：23344524554654763 67

收款人户名：佛山市金菱有限公司　收款人开户行：中国建设银行南江支行

收款人账号(卡号)：1100631560002261122

金额：壹万元整　小写：¥10,000.00

业务(产品)种类：　凭证种类：3384716946　凭证号码：28881185280160526

摘要：　用途：　币种：人民币

交易机构：6020136697　记账柜员：55256　交易代码：96576　渠道：

中国建设银行股份有限公司 中国建设银行江北支行 119772540352

本回单为第 1 次打印，注意重复　打印日期：2024 年 05 月 10 日　打印柜员：8

图 5–10　收到上月欠债的银行业务回单

(5)2024 年 5 月 11 日，报销员工张山的差旅费(图 5–11 至图 5–14)。

差旅费报销单

报销部门：行政部　　　　　　　　　　　　　　　　报销日期：2024 年 05 月 11 日

出差人：张山　　　　　　　　　　出差事由：业务出差

出差日期：2024 年 05 月 03 日 至 2024 年 05 月 06 日 共计：4 天

车船费					其他费用		
出发地	到达地	交通工具	附件张数	金额	项目	附件张数	金额
佛山	上海	飞机	4	1,000.00	住宿	1	1,000.00
					餐饮		
					市内交通		
					通讯费		
					其他		
合 计			4	¥1,000.00	合 计	1	¥1,000.00

费用合计：¥2,000.00　　　　　　元　大写(人民币)：贰仟元整

预借差旅：　　　　　　元　补领金额：　　　　　元　退还金额：　　　　　元

核实后报销金额：　　　　　元　大写(人民币)：

审批：XX　　　财务主管：XXX　　　会计：XXX　　　部门主管：XX　　　领款人：张山

图 5-11　张山 – 差旅费报销单

中国建设银行

付款回单

日期：　2024年05月11日　　　业务类型：　　　　　　流水号：304363806719

付款账号：1100631560002261122　　户名：佛山市金菱有限公司

开户行：中国建设银行南江支行

金额(大写)：人民币 贰仟元整

金额(小写)：CNY 2,000.00

业务编号：099095813568

摘要：付张山差旅费　　　　　　批次号：412287620422

经办：　　　　　　回单编号：363737887664　　786939

提示：1.电子回单验证相同表示同一笔业务回单，请勿重复记账使用。
　　　2.已在银行柜台领用业务回单的单位，请注意核对，勿重复记账使用。

打印时间：2024年05月11日15时42分

图 5-12　付张山差旅费 – 银行付款回单

航空运输电子客票行程单
ITINERARY/RECEIPT OF E-TICKET FOR AIR TRANSPORT

印刷序号：SERIAL NUMBER: 63354525768

旅客姓名 NAME OF PASSENGER	有效身份证件号码 ID.NO.	签注 ENDORSEMENTS/RESTRICTIONS (CARBON)
张山	46948793029485245	

	承运人 CARRIER	航班号 FLIGHT	座位等级 CLASS	日期 DATE	时间 TIME	客票级别/客票类别 FARE BASIS	客票生效日期 NOT VALID BEFORE	有效截止日期 NOT VALID AFTER	免费行李 ALLOW
自 FROM 佛山				2024-05-03					
至 TO 上海									
至 TO 佛山				2024-05-06					
至 TO									
至 TO									

票价 FARE	机场建设费 AIRPORT TAX	燃油附加费 FUEL SURCHARGE	其他税费 OTHER TAXES	合计 TOTAL
CNY ¥930.00	CN ¥50.00	YQ ¥20.00		CNY ¥1,000.00

电子客票号码 E-TICKET NO.　验证码 CK.　提示信息 INFORMATION　保险费 INSURANCE

销售单位代号 AGENT CODE　填开单位 ISSUED BY　填开日期 DATE OF ISSUE 2024年05月02日

验真网址：WWW.TRAVELSKY.COM　服务热线：400-815-8888　短信验真：发送JP至10669018

图 5-13　张山 – 航空运输电子客票行程单

3100231140

上海增值税专用发票

№ 62436313　3100231140　62436313

抵扣联

机器编号：982888812388　开票日期：

购买方	
名称	佛山市金菱有限公司
纳税人识别号	91440503190123450A
地址、电话	佛山市南江二路26号 0757-86373695
开户行及账号	中国建设银行南江支行 110063156000 2261122

密码区：026985483>-%4962445>#%135>1-%53#>—3-53-6%-7231%4***963%050>330242%8*08443*7#38%42-3%3583-3862>>3-%28-*70%*0106%

货物或应税劳务、服务名称	规格型号	单位	数量	单价	金额	税率	税额
住宿费		间	3	295.00	885.00	13%	115.00
合计					¥885.00		¥115.00
价税合计（大写）	⊗壹仟元整				（小写）¥1,000.00		

销售方	
名称	上海西朵酒店
纳税人识别号	2423453452345233245
地址、电话	上海市浦西路129号
开户行及账号	

备注：校验码 52118 02813 08248 65195

收款人：　复核：　开票人：　销售方：（章）

税总函[202X]××号×××公司

第二联：抵扣联　购买方扣税凭证

图 5-14　张山住宿费 – 增值税专用发票

（6）2024 年 5 月 14 日，销售 A 产品，款未收（图 5-15 至图 5-16）。

出库单

出货单位：佛山市金菱有限公司　日期：2024年05月14日　单号：

提货单位（部门）：销售部　销售单号：1221321　发货仓库：产成品库　出库日期：2024年05月14日

编码	名称	规格	单位	数量 应发	数量 实发	单价	金额
1	A产品		件	2000	2000	15.00	30,000.00
合计	人民币（大写）：叁万元整						¥30,000.00

部门经理：何华　会计：周晓红　仓库：高义鹤　经办人：高义鹤

会计联

图 5-15　销售 A 产品出库单

4400231140

广　东　增值税专用发票

№ 32881562　4400231140　32881562

此联不作报销、扣税凭证使用

机器编号：982888812388　　开票日期：2024年05月14日

购买方	名　　称：佛山市新兴科技有限公司 纳税人识别号：748005031901237 76 地 址、电 话：佛山市文化路89号　570011 开户行及账号：中国建设银行 2344322133006815 6	密码区	50%>>04%>8-#1#2#51>3503181>0 *56>9>>*7->879-20-06#0-9>%2# 3-562494>1-*998223#*#4%-1%*7 178#038-02**-*7176>-71351569

货物或应税劳务、服务名称	规格型号	单位	数量	单价	金额	税率	税额
A产品		件	2000	15.00	30,000.00	13%	3,900.00
合　　计					¥30,000.00		¥3,900.00
价税合计（大写）	⊗ 叁万叁仟玖佰元整				（小写）¥33,900.00		

销售方	名　　称：佛山市金菱有限公司 纳税人识别号：91440503190123450A 地 址、电 话：佛山市南江二路26号 0757-86373695 开户行及账号：中国建设银行南江支行 1100631560000226112 2	备注	校验码 52118 02817 08248 65199

收款人：XX　　复核：周晓红　　开票人：陈青青　　销售方：（章）

税总函[202X]××号×××公司

第一联：记账联　销售方记账凭证

图 5-16　销售 A 产品的增值税专用发票

（7）2024 年 5 月 18 日，发生坏账损失。佛山市金菱有限公司发布会议纪要对此事进行说明（图 5-17）。

会议纪要

经 2024 年 5 月 18 日董事会决议，佛山市安顺公司 2024 年所欠货款 5 万元无力偿还，经董事会决议同意列为坏账损失。

佛山市金菱有限公司

2024 年 5 月 18 日

图 5-17　佛山市金菱有限公司会议纪要

（8）2024 年 5 月 21 日，收到运输超时赔款（图 5-18）。

收款收据

现金收讫

No.2312557

2024 年 05 月 21 日

今收到 王丹

交来 运输超时赔款

金额（大写） 零 拾 零 万 零 仟 伍 佰 零 拾 零 元 零 角 零 分

¥ 500.00

收款单位（公章） 财务专用章

核准 XX 会计 XXX 记账 XXX 出纳 XXX 经办人 XX

第一联 存根

图 5–18 运输超时赔款的收款收据

（9）2024 年 5 月 21 日，A 材料入库（图 5–19 至图 5–22）。

材料入库单

发票号码：

供应单位：北京中益商贸有限公司　　　收料单编号：

收发类别：　　　2024 年 05 月 21 日　　　收料仓库：原材料仓库

编号	名称	规格	单位	数量		实际成本				
				应收	实收	买价		运杂费	其他	合计
						单价	金额			
1	A材料		千克	500	500	20.00	10,000.00			10,000.00
合计				500	500		¥10,000.00			¥10,000.00
备注										

采购员：XX　　检验员：XXX　　记账员：XX　　保管员：XXX

图 5–19 A 材料 – 材料入库单

1100231140　　**北京增值税专用发票**　　№ 34025690　1100231140 34025690

抵扣联

机器编号：982888812388　　开票日期：2024年05月21日

购买方	名称：佛山市金葵有限公司 纳税人识别号：91440503190123450A 地址、电话：佛山市南江二路26号 0757-86373695 开户行及账号：中国建设银行南江支行 1100631560002261122	密码区	>#43>-9*1#823709371%5>9340*4 5392%*-6%2>1*>3-*>186764#492 4>302*91140>689-9*6>5>*%%8>* 6#*9-90060*90*>9*0%-12408951

货物或应税劳务、服务名称	规格型号	单位	数量	单价	金额	税率	税额
A材料		千克	500	20.00	10,000.00	13%	1,300.00
合计					¥10,000.00		¥1,300.00
价税合计（大写）	⊗壹万壹仟叁佰元整				（小写）¥11,300.00		

销售方	名称：北京中益商贸有限公司 纳税人识别号：719375133000095800 地址、电话：朝阳区邦领路701号010-12480983 开户行及账号：工行创旭路支行23035417473377	备注	校验码 52118 02813 08248 65195

收款人：　　复核：　　开票人：　　销售方：（章）

发票专用章 719375133000095800

税总函[202X]××号×××公司

第二联：抵扣联 购买方扣税凭证

图 5–20 A 材料 – 增值税专用发票

中国建设银行

付 款 回 单

日　期：　2024年05月21日　　业务类型：　　　　　　　流水号：　967846071609

付款账号：　11006315600022261122　户 名：佛山市金葵有限公司

开户行：　中国建设银行南江支行

金额（大写）：人民币 壹万壹仟叁佰元整

金额（小写）：CNY 11,300.00

业务编号：　289716439726

摘要：付材料费　　　　　　　　　　　批次号：602918245680

经办：　　　　　　　　　　　　　回单编号：　553359413822　　　976651

提示：1.电子回单验证相同表示同一笔业务回单，请勿重复记账使用。
　　　2.已在银行柜台领用业务回单的单位，请注意核对，勿重复记账使用。

打印时间：　2024年05月21日23时42分

图 5-21　付材料费 - 付款凭证

购 销 合 同

合同编号：53214060

购货单位（甲方）：佛山市金葵有限公司

供货单位（乙方）：北京中益商贸有限公司

根据《中华人民共和国合同法》及国家相关法律、法规之规定，甲乙双方本着平等互利的原则，就甲方购买乙方货物一事达成以下协议。

一、货物的名称、数量及价格：

货物名称	规格型号	单位	数量	单价	金额	税率	价税合计
A材料		千克	500	20.00	10,000.00	13%	11,300.00
合计（大写）　壹万壹仟叁佰元整							¥11,300.00

二、交货方式和费用承担：交货方式：　供货方送货　　　，交货时间：　2024年05月21日　　前。

交货地点：　　　　　　　　　　，运费由　供货方　承担。

三、付款时间与付款方式：

四、质量异议期：订货方对供货方的货物质量有异议时，应在收到货物后　　　　　　　　内提出，逾期视为货物质量合格。

五、未尽事宜经双方协商可作为本协议附件，与本合同具有同等效力。

六、本合同自双方签字、盖章之日起生效，本合同壹式贰份，甲乙双方各执壹份。

甲方（签章）：　　　　　　　　　　　乙方（签章）：

授权代表：　李晓林　　　　　　　　　授权代表：　张山

地　　址：　佛山市南江二路26号　　　地　　址：　朝阳区邦顿路701号

电　　话：　0757-86373695　　　　　电　　话：　010-12480985

日　　期：　2024年 05月 20日　　　日　　期：　2024年 05月 20日

图 5-22　A 材料 - 购销合同

（10）2024 年 5 月 23 日，付厂房租金（免税）（图 5-23、图 5-24）。

图 5-23　付厂房租金 – 增值税普通发票

图 5-24　付厂房租金 – 银行付款回单

（11）2024 年 5 月 24 日，缴纳本月社保及公积金（图 5-25、图 5-26）。

中国建设银行 凭证

业务回单（付款）

日期：2024 年 05 月 24 日　　回单编号：30746076200

付款人户名：佛山市金菱有限公司　　付款人开户行：中国建设银行南江支行

付款人账号（卡号）：1100631560002261122

收款人户名：佛山税务局　　收款人开户行：国家金库佛山市支库

收款人账号（卡号）：323423423

金额：捌万陆仟伍佰捌拾元整　　小写：¥86,580.00

业务(产品)种类：　　凭证种类：2488010202　　凭证号码：66110373611038293

摘要：　　用途：　　币种：

交易机构：5115530943　记账柜员：93575　交易代码：88529　渠道：
323423423

本回单为第 1 次打印，注意重复 打印日期：2024 年 05 月 24 日 打印柜员：2 验证码：887518834698

图 5-25 缴纳 5 月社保 - 银行业务回单（付款）

中国建设银行 网上银行电子回单

电子回单号码：69675672757

付款人	户 名	佛山市金菱有限公司	收款人	户 名	佛山税务局
	账 号	1100631560002261122		账 号	323423423
	开户银行	中国建设银行南江支行		开户银行	国家金库佛山市支库
金 额		人民币（大写）：玖万捌仟元整			¥98,000.00
摘 要		2024年5月公积金	业务种类		
用 途		2024年5月公积金			
交易流水号		75389783320333	时间戳		2024-05-24
备注： 个人缴存：49000 单位缴存：49000					
验证码：17709964					
记账网点	027		记账柜员	441	记账日期 2024年05月24日

打印日期：2024年05月24日

图 5-26 缴纳 5 月公积金 - 网上银行电子回单

（12）2024 年 5 月 25 日，收到货款（图 5-27）。

中国建设银行 凭证

业务回单（收款）

日期：2024 年 05 月 25 日　　回单编号：69810711713

付款人户名：佛山市新兴科技有限公司　　付款人开户行：中国建设银行和平支行

付款人账号（卡号）：23443221330068156

收款人户名：佛山市金菱有限公司　　收款人开户行：中国建设银行南江支行

收款人账号（卡号）：1100631560002261122

金额：叁万叁仟玖佰元整　　小写：¥33,900.00

业务（产品）种类：　　凭证种类：2771272754　　凭证号码：12756843363919972

摘要：货款　　用途：货款　　币种：

交易机构：5418602495　　记账柜员：48121　　交易代码：80441　　渠道：

1100631560002261122

（印章：中国建设银行南江支行 电子回单专用章）

本回单为第 1 次打印，注意重复　打印日期：2024 年 05 月 25 日　打印柜员：7　　验证码：178154289725

图 5-27　货款 – 银行业务回单（收款）

（13）2024 年 5 月 26 日，办公室购进传真机一台（图 5-28、图 5-29、图 5-30）。

固定资产验收单

2024 年 05 月 26 日　　　　编号：

名称	规格型号	来源	数量	购（造）价	使用年限	预计残值
传真机	#12	外购	1	3,000.00	10	
安装费	月折旧率	建造单位		交工日期	附件	
				2024年05月26日		
验收部门	办公室	验收人员 XX	管理部门	办公室	管理人员	XX
备注						

审核：XXX　　制单：XXX

图 5-28　购置传真机 – 固定资产验收单

广 东 增值税电子普通发票

机器编号：433992473316

发票代码：756057691346
发票号码：17925940
开票日期：2024年05月26日
校 验 码：01979066645282605703

购买方
名　　称：佛山市金菱有限公司
纳税人识别号：91440503190123450A
地 址、电 话：佛山市南江二路26号 0757-86373695
开户行及账号：中国建设银行南江支行 1100631560002261122

密码区
517*989#7-#3->62-47-->61564>
>2#14702758423>##23-*9%6%73%
86---7**#5>3>%#>*%07-2>06134
%**%37820-8%25%*073716#78814

货物或应税劳务、服务名称	规格型号	单位	数量	单价	金额	税率	税额
传真机	#12	台	1	3,000.00	3,000.00	13%	390.00
合　计					¥3,000.00		¥390.00

价税合计（大写）　⊗ 叁仟叁佰玖拾元整　　（小写）¥3,390.00

销售方
名　　称：心意文具
纳税人识别号：736612655965873338
地 址、电 话：江北路41号098844223
开户行及账号：工商银行江北支行1223443344454

备注　（印章：736612655965873338 发票专用章）

收款人：XX　　复核：XXX　　开票人：XXX　　销售方：（章）

图 5-29　购置传真机 – 增值税电子普通发票

图 5-30　购买传真机 – 银行付款回单

（14）2024 年 5 月 27 日，分配本月应付工资（图 5-31）。

工资分配表

编制单位：佛山市金菱有限公司　　　　　　2024年5月27日　单位：元

车间、部门	品名	生产车间	行政管理部门	销售部门	合计
生产工人	A产品	142000			142000
	B产品	114500			114500
车间管理人员		45000			45000
行政管理人员			71500		71500
销售部门人员				37000	37000
合计		301500	71500	37000	410000

制表：　　　　　　　　审核：

图 5-31　工资分配表

（15）2024 年 5 月 30 日，批量发放 5 月工资（图 5-32）。

图 5-32　发放 5 月工资 – 银行付款回单

（16）2024 年 5 月 30 日，支付税务罚款（图 5–33）。

中国建设银行

付款回单

日期：2024年05月30日　　业务类型：　　流水号：466968598616

付款账号：1100631560002261122　　户名：佛山市金菱有限公司

开户行：中国建设银行南江支行

金额（大写）：人民币壹仟元整

金额（小写）：CNY 1,000.00

业务编号：251580405364

摘要：支付税务罚款　　批次号：192030763606

经办：　　回单编号：515222479470　　466773

提示：1. 电子回单验证相同表示同一笔业务回单，请勿重复记账使用。

2. 已在银行柜台领用业务回单的单位，请注意核对，勿重复记账使用。

打印时间：2024年05月30日20时9分

（印章：中国建设银行南江支行 电子回单专用章）

图 5–33　支付税务罚款 – 银行付款回单

（17）2024 年 5 月 30 日，销售 B 产品（图 5–34 至图 5–37）。

出　库　单　　No. 00413036

购货单位：佛山市烽化公司　　2024 年 05 月 30 日

编号	品名	规格	单位	数量	单价	金额	备注
1	B产品		件	1000	30.00	30,000.00	
合					计	¥30,000.00	

仓库主管：XX　记账：XXX　保管：XX　经手人：XXX　制单：XXX

第一联 存根联

图 5–34　B 产品出库单

4400231140　　**广　东　增值税专用发票**　　№ 36359535　4400231140 36359535

机器编号：982888812388　　此联不作报销、扣税凭证使用　　开票日期：2024年05月30日

购买方	名称：佛山市烽化公司 纳税人识别号：234234523432443 地址、电话：胜利路999号123214324 开户行及账号：中国建设银行 233414343			密码区	4099#53>73%36-#19821640894#* 1*43>05-35-2#67%4568-04>#499 330354**-0-1366*90038425633- 17>0*%808027%%%**417>*66-78%		
货物或应税劳务、服务名称	规格型号	单位	数量	单价	金额	税率	税额
B产品		件	1000	30.00	30,000.00	13%	3,900.00
合　计					¥30,000.00		¥3,900.00
价税合计（大写）	⊗叁万叁仟玖佰元整				（小写）¥33,900.00		
销售方	名称：佛山市金菱有限公司 纳税人识别号：91440503190123450A 地址、电话：佛山市南江二路26号 0757-86373695 开户行及账号：中国建设银行南江支行 1100631560002261122			备注	校验码 52118 02817 08248 65109		

收款人：XX　复核：周晓红　开票人：陈青青　销售方：（章）

税总函［202X］××号×××公司

第一联：记账联　销售方记账凭证

图 5–35　销售 B 产品 – 增值税专用发票

中国建设银行 凭证

业务回单（ 收款 ）

日　期：2024 年 05 月 30 日　　回单编号：81596998443

付款人户名：　佛山市烽化公司　　　　付款人开户行：中国建设银行

付款人账号（卡号）：233414343

收款人户名：　佛山市金菱有限公司　　收款人开户行：中国建设银行南江支行

收款人账号（卡号）：1100631560002261122

金额：　叁万叁仟玖佰元整　　　　　　　　　　　　小写：　¥33,900.00

业务（产品）种类：　　　凭证种类：8664091426　　凭证号码：18960195954913543

摘要：　　　　用途：　　　　　币种：

交易机构：1391521177　记账柜员：61817　交易代码：03137　渠道：

1100631560002261122

本回单为第　次打印，注意重复　打印日期：2024 年 05 月 30 日　打印柜员：9　验证码：395017956028

图 5-36　销售 B 产品 – 银行业务回单

购 销 合 同

合同编号：51239910

购货单位（甲方）：佛山市烽化公司

供货单位（乙方）：佛山市金菱有限公司

根据《中华人民共和国合同法》及国家相关法律、法规之规定，甲乙双方本着平等互利的原则，就甲方购买乙方货物一事达成以下协议：

一、货物的名称、数量及价格：

货物名称	规格型号	单位	数量	单价	金额	税率	价税合计
B产品		件	1000	30.00	30,000.00	13%	33,900.00
合计（大写）　叁万叁仟玖佰元整							¥33,900.00

二、交货方式和费用承担：交货方式：购货方自行提货　　交货时间：2024年05月30日　前，

交货地点：购买方运营地　　　，运费由　购货方　承担。

三、付款时间与付款方式：货到付款

四、质量异议期：订货方对供货方的货物质量有异议时，应在收到货物后　3天　内提出，逾期视为货物质量合格。

五、本尽事宜经双方协商可作补充协议，与烽合同具有同等效力。

六、本合同自双方签字、盖章之日起生效。本合同壹式两份，甲乙双方各执壹份。

甲方（签章）：　　　　　　　乙方（签章）：

授权代表：　　　　　　　　　授权代表：李晓林

地　址：胜利路999号　　　　地　址：佛山市南江二路26号

电　话：123214324　　　　　电　话：0757-86373695

日　期：2024 年 05 月 30 日　日　期：2024 年 05 月 30 日

图 5-37　销售 B 产品 – 购销合同

（18）2024 年 5 月 30 日，结转代扣款项（表 5-5）。

表 5-5　佛山市金菱有限公司代扣款明细表（元）

部门	类别	代扣社保	代扣个税	代扣公积金	合计
生产工人	A 产品	10500	1311	15000	26811
	B 产品	8400	1095	12000	21495
车间管理人员		2100	2011	3000	7111
行政管理人员		4200	1954	6000	12154
销售部门人员		2100	1013	3000	6113
合计		27300	7384	39000	73684

制表：XX　　　　　　　　　　审核：XXX

（19）2024 年 5 月 30 日，结转发出材料成本。编制发出材料成本计算表（表 5-6）。

表 5-6　发出材料成本计算表（元）

2024 年 5 月 30 日

产品名称	单位	期初结存		本期购进		加权平均单价	本期发出		期末结存	
		数量	金额	数量	金额		数量	金额	数量	金额
A 材料	千克									
B 材料	千克									
合计										

制表：　　　　　　　　　　审核：

（20）2024 年 5 月 30 日，分配本月电费（表 5-7）。

表 5-7　电费分配表

编制单位：佛山市金菱有限公司　　　　　　　　　　　　　2024 年 5 月

项目	用量（千瓦时）	分配率	金额（元）
生产动力用电 -A 产品	36000	1	36000
生产动力用电 -B 产品	40000	1	40000
车间照明用电	12000	1	12000
行政管理部门用电	5000	1	5000
销售部门	3000	1	3000
合计	96000	1	96000

制表：　　　　　　　　　　审核：

（21）2024 年 5 月 30 日,计提折旧(图 5-38)。

图 5-38　固定资产折旧汇总表

（22）2024 年 5 月 30 日,分配制造费用(表 5-8)。

表 5-8　制造费用分配表

2024 年 5 月 30 日

产品	生产工时（小时）	分配率	金额（元）
A 产品	67260	0.6245	42003.87
B 产品	51340	0.6245	32061.73
合计	118600	0.6245	74065.6

制表：XXX　　　　　　　　　　　　审核：XXX

（23）2024 年 5 月 31 日,计算结转增值税费,编制增值税计算表(表 5-9)。

表 5-9　增值税计算表（元）

填制日期：

项目	行次	金额（元）
本月销项税额	1	
本月进项税额	2	
本月进项税额转出	3	
上期留抵税额	4	
本月未缴增值税	5	

（24）2024年5月31日,结转损益类账户,填写记账凭证（图5–39）。

摘要	总账科目	明细科目	记账√	借方金额 千 百 十 万 千 百 十 元 角 分	记账√	贷方金额 千 百 十 万 千 百 十 元 角 分
合　计						

记 账 凭 证

年　月　日　　　　　　　记字第　　号

财务主管　　　　记账　　　　出纳　　　　审核　　　　制单

附单据　张

图 5-39　结转损益类账户 – 记账凭证

模块六

模拟实训

配 套 练 习

▷ 实训要求

根据实训资料,审核原始凭证,编制记账凭证,登记总账、明细账和日记账,并编制财务报表。

◈ 实训资料

一、企业基本情况

（1）企业名称:海口市美欣工艺有限公司。

（2）企业简介:海口市美欣工艺有限公司在全国省级城市设有办事处,公司总部下设办公室、生产部、销售部、市场部、物流部和售后服务部;生产销售甲、乙两种产品;生产组织形式和工艺流程:设有一个基本生产车间,单步骤大批量重复生产甲、乙两种产品。

（3）开户行:中国工商银行海口琼山区麦领路支行。

（4）开户行地址:海口琼山区辰政路 8×× 号。

（5）账号:300784657127484××××。

（6）社会信用代码:91460107M76443××××。

（7）地址:海口琼山区金迅路 568 号。

（8）电话:8326××××。

（9）法人:周英。

（10）会计主管:王晓涵。

（11）会计:陈海波。

（12）公司所在地:海南省海口市。

（13）出纳:贾燕。

二、企业期初资料

海口市美欣工艺有限公司 2024 年 10 月 31 日资产负债表如图 6-1 所示。

2024 年 11 月,海口市美欣工艺有限公司货币资金期初金额、"原材料"期初资料和"库存商品"期初资料分别如表 6-1、表 6-2、表 6-3 所示。

资 产 负 债 表

编制单位：海口市美欣工艺有限公司　　　　　　2024年10月31日

会企企01
单

资　产	行次	期末余额	期初余额	负债和所有者权益（或股东权益）	行次	期末余额	期初余额
流动资产：				流动负债：			
货币资金	1	496,931.00		短期借款	27	120,000.00	
短期投资	2	1,383,836.43		应付票据	28		
应收票据	3			应付账款	29	65,468.45	
应收账款	4			预收账款	30	193,882.26	
预付账款	5			应付职工薪酬	31		
应收股利	6			应交税费	32	-1,311.80	
应收利息	7			应付利息	33		
其他应收款	8			应付利润	34		
存货	9	596,783.85		其他应付款	35		
其他流动资产	10			其他流动负债	36		
流动资产合计	11	2,477,551.28		流动负债合计	37		
非流动资产：				非流动负债：		378,038.91	
长期债券投资	12			长期借款	38		
长期股权投资	13			长期应付款	39		
固定资产原价	14	945,600.00		递延收益	40		
减：累计折旧	15	363,530.08		其他非流动负债	41		
固定资产账面价值	16	582,069.92		非流动负债合计	42		
在建工程	17			负债合计	43	378,038.91	
工程物资	18						
固定资产清理	19						
生产性生物资产	20			所有者权益（或股东权益）			
无形资产	21			实收资本（或股东）	44	2,480,000.00	
开发支出	22			资本公积	45	27,230.00	
长期待摊费用	23			盈余公积	46	19,425.00	
其他非流动资产	24			未分配利润	47	154,927.29	
非流动资产合计	25	582,069.92		所有者权益（或股东权益）合计	48	2,681,582.29	
资产合计	26	3,059,621.20		负债和所有者权益（或股东权益）合计	49	3,059,621.20	

图6-1　海口市美欣工艺有限公司资产负债表

表6-1　货币资金期初余额

科目名称	期初余额（元）
库存现金	1931.00
银行存款	495000.00
合计	496931.00

表6-2　"原材料"期初资料

材料名称	期初结存数量（千克）	期初结存金额（元）
1#材料	4700	21056.00
2#材料	7170	46963.50
3#材料	2000	21100.00
合计	13870	89119.50

表6-3 "库存商品"期初资料

产品名称	期初结存数量（件）	期初结存金额（元）
甲产品	5537	241136.35
乙产品	6012	264528.00
合计	11549	505664.35

需要说明的是,1# 材料、2# 材料、3# 材料的税收编码的产品和服务名称属于家具配件类;甲产品、乙产品的税收编码的产品和服务名称属于家具类。

此外,海口市美欣工艺有限公司"应交税费"期初资料如表6-4所示。

表6-4 "应交税费"期初资料

明细账	借贷方向	期初金额（元）
应交增值税（进项税额）	借方	2653.54
应交个人所得税	贷方	1341.74
合计	借方	1311.80

该公司生产成本不设"燃料及动力"明细科目,直接用于产品生产的燃料及动力费以"直接材料"明细科目核算。记账凭证的明细科目需要根据企业预设科目填列。库存现金日记账需要日结,银行存款日记账无须日结。往来明细账（应收／应付账款、预收／预付账款）不需要本月合计。

三、企业详细资料

（一）财务岗位人员及分工

海口市美欣工艺有限公司的财务岗位人员及分工如表6-5所示。

表6-5 海口市美欣工艺有限公司的财务岗位人员及分工明细表

姓名	隶属部门	职务	操作分工
黄建华		总经理	合同签字；投资、捐赠类协议签字；审批金额超过2000元的经费开支
王晓涵	财务部	财务经理	审批所有的财务相关单据；财务分析
陈海波	财务部	会计	填写转账凭证；登记明细账、总账；成本计算,填写成本计算单；编制纳税申报表
贾燕	财务部	出纳	办理现金、银行存款业务；编制收付款记账凭证；出纳签字；登记现金、银行存款日记账

续表

姓名	隶属部门	职务	操作分工
胡江海	销售部	部门经理	审批本部门的经费开支
张勇	采购部	部门经理	审批本部门的经费开支
李智雅	生产部	部门经理	审批本部门的经费开支
刘海明	仓储部	部门经理	审批本部门的经费开支

该公司岗位分工主要通过在单据上的制单和审核签字来体现,且应该选择恰当的岗位人员签章。

其他各类单据上的签章根据各单据的格式要求来执行。

(二)企业会计政策

1. 会计制度

该公司会计制度采用《小企业会计准则》。

2. 会计核算方法

采用科目汇总表账务处理程序。核算中涉及的金额计算保留两位小数、分配率保留两位小数。会计核算采用四舍五入法。

3. 存货处理

存货核算采用实际成本法。存货按实际成本计价,发出存货成本于月末采用一次加权平均法,产生尾差由结存存货承担。

4. 费用处理

差旅费报销单需要出差人本人签字,部门经理、财务经理审批。差旅费相关规定:途中补贴为每人每天180元(含交通补贴),住宿费标准为每人每天350元(不含税);餐费实报实销。

5. 采购与销售处理

采购与销售发票如果当天结算货款,均使用现结,不通过"应收应付"科目过渡。非当日结款,均需要通过"应收应付"科目过渡。

6. 固定资产处理

固定资产折旧方法采用年限平均法,按月综合折旧率计提,生产车间设备折旧率为0.5%,行政管理部门设备折旧率为0.5%。

7. 税费处理

该公司为增值税一般纳税人,适用的增值税税率为13%,按月缴纳;按当期应交增值税的7%计算城市维护建设税、3%计算教育费附加和2%计算地方教育附加;企业所得税采用资产负债表债务法,税率为25%,按月预提,按季预缴,全年汇算清缴。不考虑除上述税费以外的其他税费。缴纳税款和各类社会保险按银行开具的原始凭证编制记账凭证。

8. 薪酬业务处理

各类社会保险及经费的计提比例如表 6-6 所示。

表 6-6　各类社会保险及经费的计提比例明细表

类别	养老保险	医疗保险	失业保险	工伤保险	生育保险	住房公积金	工会经费	职工教育经费
企业负担	20%	12%	2%	2%	1%	12%	2%	2.5%
个人负担	8%	2%	1%	—	—	12%	—	—

需要说明的是,职工福利费按实际发生数列支,不按比例计提;各类社会保险金当月计提;按照国家有关规定,公司代扣代缴个人所得税,其费用扣除标准为每月 5000 元。

由个人承担的社会保险费、住房公积金在缴纳时通过"其他应付款"科目进行核算。个人所得税由公司代扣代缴,通过"应交税费"科目进行核算。

9. 坏账损失处理

除应收账款外,其他的应收款项不计提坏账准备。按应收账款余额百分比法计提坏账准备,提取比例为 0.5%。

10. 财产清查处理

该公司每季度末对存货及固定资产进行清查,根据盘点结果编制"盘点表",并与账面数据进行比较。

11. 成本处理

该公司有一个基本生产车间,生产甲、乙两种产品,按品种法计算产品成本。生产耗材全部外购,直接人工和制造费用按产品生产工时比例分配。月末无在产品。制造费用分配产生尾差由乙产品承担。

12. 利润分配

根据该公司章程,其税后利润按以下顺序及规定分配。

(1)弥补亏损。

(2)按 10% 提取法定盈余公积。

(3)按 30% 向投资者分配利润。

13. 损益类账户结转

每月末将各损益类账户余额转入本年利润账户,损益结转采用账结法,结转时按收入和支出分别填制记账凭证。

(三)11 月经济业务

(1)2024 年 11 月 1 日,购入材料并验收入库,增值税专用发票及材料入库单如图 6-2 所示。

(2)2024 年 11 月 1 日,购入一台生产设备,直接投入使用,其原始凭证和记账凭证如图 6-3 所示。

4600231140　　海南增值税专用发票　　№ 78938680　4600231140　78938680

抵扣联

机器编号：982888812388　　开票日期：2024年11月01日

购买方	名　　称：海口市美欣工艺有限公司 纳税人识别号：91460107M764437621 地 址、电 话：海口琼山区金迅路568号83261432 开户行及账号：工行海口琼山区麦领路支行3007846571274844802	密码区	470-%705489*0>%1#22-*05*3#*5 07*%>%519#6#1*079>8-*>476945 0213183>0#>001#0750*7*>21##- 541-8-857015581312%6419-7587

货物或应税劳务、服务名称	规格型号	单位	数量	单价	金额	税率	税额
1#材料		千克	500	5.00	2,500.00	13%	325.00
合　　计					¥2,500.00		¥325.00
价税合计（大写）	⊗贰仟捌佰贰拾伍元整				（小写）¥2,825.00		

销售方	名　　称：海南裕丰有限公司 纳税人识别号：91469002M752017185 地 址、电 话：琼海市绿景路966号23084239 开户行及账号：工行琼海市隆途路支行1179459110293118450	备注	校验码 52118 02817 08248 65195

收款人：　　复核：李梓涵　　开票人：何雄　　销售方：（章）

税总函〔202X〕××号×××公司

第二联：抵扣联　购买方扣税凭证

材料入库单

发票号码：78938680

供应单位：海南裕丰有限公司　　收料单编号：

收发类别：　　2024 年　11 月　01 日　　收料仓库：

编号	名称	规格	单位	数量		实际成本				
				应收	实收	买价		运杂费	其他	合计
						单价	金额			
	1#材料		千克	500	500	5.00	2,500.00			2,500.00
合　　计				500	500		¥2,500.00			¥2,500.00
备　　注										

采购员：张丽　　检验员：　　记账员：　　保管员：李敏

图 6-2　购入材料并验收入库的增值税专用发票及材料入库单

4600231140　　海南增值税专用发票　　№ 89312371　4600231140　89312371

抵扣联

机器编号：982888812388　　开票日期：2024年11月01日

购买方	名　　称：海口市美欣工艺有限公司 纳税人识别号：91460107M764437621 地 址、电 话：海口琼山区金迅路568号83261432 开户行及账号：工行海口琼山区麦领路支行3007846571274844802	密码区	7>#130#6*2>72>7947036-414492 70>226-404317%92158414>582*5 3*17#*72>3796-434*37987*4452 19#77-5457>17902089%99>7-35-

货物或应税劳务、服务名称	规格型号	单位	数量	单价	金额	税率	税额
生产设备		台	1	50,000.00	50,000.00	13%	6,500.00
合　　计					¥50,000.00		¥6,500.00
价税合计（大写）	⊗伍万陆仟伍佰元整				（小写）¥56,500.00		

销售方	名　　称：海口鼎日建材有限公司 纳税人识别号：91460107M803251848 地 址、电 话：海口琼山区麦领路027号38108604 开户行及账号：工行海口琼山区元迈路支行7953380252309533945	备注	校验码 52118 02817 08248 65195

收款人：　　复核：刘靓壮　　开票人：胡妩　　销售方：（章）

税总函〔202X〕××号×××公司

第二联：抵扣联　购买方扣税凭证

图 6-3　购入生产设备并投入使用的原始凭证和记账凭证

付款回单

中国工商银行

日期： 2024年11月01日　　业务类型：　　　　　　流水号： 778256548001

付款账号： 3007846571274844802　　户名：海口市美欣工艺有限公司

开户行： 工行海口琼山区麦领路支行

金额（大写）：人民币 伍万陆仟伍佰元整

金额（小写）： CNY 56,500.00

业务编号： 463978455840

摘要： 支付购买设备款　　　　　　批次号： 887179261614

经办：　　　　　　　　回单编号： 727620429956　　　141822

提示：1. 电子回单验证相同表示同一笔业务回单，请勿重复记账使用。

　　　2. 已在银行柜台领用业务回单的单位，请注意核对，勿重复记账使用。

打印时间： 2024年11月01日15时52分

固定资产验收单

公司名称：海口市美欣工艺有限公司

资产编号		资产名称	生产设备		
规格（编号）		资产代码		管理人	胡国
计量单位	台	单价（元）	¥50,000.00	金额（元）	¥50,000.00
出厂日期	2024 年 10 月 04 日	购置日期	2024 年 11 月 01 日		
生产厂家	海口鼎日建材有限公司	安装地点	海口琼山区金迅路568号		
附件情况	投入使用				

固定资产验收情况说明：
验收合格

验收确认：
合格

验收日期： 2024 年 11 月 01 日

管理部门负责人签字：梁武

公司总经理签字： 周英

注：此表一式三份，使用部门、保管部门、财务部门各一份。

记账凭证

年　月　日　　　　　记字第　　号

摘要	总账科目	明细科目	记账√	借方金额 千百十万千百十元角分	记账√	贷方金额 千百十万千百十元角分
合　计						

财务主管　　　记账　　　出纳　　　审核　　　制单

续图 6-3

（3）2024年11月2日，报销张博的差旅费，其原始凭证和记账凭证如图6-4所示。

会议审批单

部门（科室）：采购部		填单日期：2024 年 10 月 25 日	
活动类别	参加采购业务的培训		
活动名称			
时间	2024年10月26日至2024年11月2日		
地点/场所	广州		
类别			
人数	1		
定额标准	培训费800元，每天补贴180元（含交通补贴），住宿费标准为每人每天350元（不含税）。		
支出预算			
部门（科室）负责人意见	同意 张勇	单位负责人意见	同意 周英

航空运输电子客票行程单
ITINERARY/RECEIPT OF E-TICKET
FOR AIR TRANSPORT

印刷序号：
SERIAL NUMBER：33400646106

旅客姓名 NAME OF PASSENGER	有效身份证件号码 ID.NO.				签注 ENDORSEMENTS/RESTRICTIONS (CARBON)			
张博	46010320101234xxxx							
	承运人 CARRIER	航班号 FLIGHT	座位等级 CLASS	日期 DATE	时间 TIME	客票级别/客票类别 FARE BASIS	客票生效日期 NOT VALID BEFORE	有效截止日期 NOT VALID AFTER	免费行李 ALLOW
自 FROM 海口				2024-10-26	17：10			
至 TO 广州								
至 TO 海口				2024-11-02	13：10			

票价 FARE CNY ¥1,100.00　机场建设费 AIRPORT TAX CN ¥100.00　燃油附加费 FUEL SURCHARGE YQ ¥60.00　其他税费 OTHER TAXES　合计 TOTAL CNY ¥1,260.00

电子客票号码 E-TICKET NO.　验证码 CK.　提示信息 INFORMATION　保险费 INSURANCE ¥60.00

销售单位代号 AGENT CODE.　填开单位 ISSUED BY　填开日期 DATE OF ISSUE 2024年10月26日

验真网址：WWW.TRAVELSKY.COM　服务热线：400-815-8888

广东增值税专用发票

4400231140　No 34364836　4400231140　34364836

开票日期：2024年11月02日

购买方	名称：海口市美欣工艺有限公司 纳税人识别号：91460107M764437621 地址、电话：海口琼山区金迅路568号83261432 开户行及账号：工行海口琼山区麦领路支行3007846571274844802	密码区	>*144>−7#*514<0>%6*196608999 2973%6*70%49*7−2−443->6−2 −447580#689*%−33#2>4042329 86>09−0027801508%6375*142057
货物或应税劳务、服务名称	规格型号　单位　数量　单价　金额　税率　税额		
住宿	间　6　328.00　1,968.00　13%　255.84		
合计	¥1,968.00　¥255.84		
价税合计（大写）	⊗ 贰仟贰佰贰拾叁元捌角肆分　（小写）¥2,223.84		
销售方	名称：去哪儿网（天津）国际旅行社有限公司 纳税人识别号： 地址、电话：天津市武清区京津电子商务产业园综合办公楼549室 开户行及账号：	备注	校验码 52118 02813 03249 05109

收款人：　复核：　开票人：

图6-4　报销张博差旅费的原始凭证和记账凭证

差 旅 费 报 销 单

部门 采购部　　　　　　　　　2024 年 11 月 03 日

出差人	张博						出差事由	参加会议				

出　发			到　达			交通工具	交 通 费		出差补贴		其 他 费 用		
月	日	时	地点	月	日	时	地点		单据张数	金额	天数	金额	项 目	单据张数	金额

出发 10 26 海口　到达 10 26 广州　飞机　单据张数1 金额660.00 天数7 金额1,260.00　住宿费 单据1 金额2,223.84 附件3张

11 02 广州 11 02 海口 飞机 1 660.00　市内车费

邮电费

办公用品费

不买卧铺补贴

其他

合计 2 ¥1,320.00 ¥1,260.00 1 ¥2,223.84

报销总额 人民币（大写）肆仟捌佰零叁元捌角肆分　预借金额　补领金额 ¥4,803.84　退还金额

主管　审核 罗婵　出纳 贾燕　领款人 张博

记 账 凭 证

年　月　日　　　　记字第　号

摘要	总账科目	明细科目	记账√	借方金额									记账√	贷方金额								
				千	百	十	万	千	百	十	元	角	分		千	百	十	万	千	百	十	元	角	分
合　计																						

财务主管　记账　出纳　审核　制单

附单据 张

续图 6-4

（4）2024 年 11 月 4 日，支付 2024 年 11 月 2 日张博的报销费用，其原始凭证和记账凭证如图 6-5 所示。

付 款 回 单　　🏦 中国工商银行

日期：2024年11月04日　　业务类型：　　流水号：666358644185

付款账号：3007846571274844802　户名：海口市美欣工艺有限公司

开户行：工行海口琼山区麦领路支行

金额（大写）：人民币 肆仟捌佰零叁元捌角肆分

金额（小写）：CNY 4,803.84

业务编号：723490760809

摘要：报销张博出差费　　批次号：146692577673

经办　　回单编号：087042735915　　400344

提示：1.电子回单验证相同表示同一笔业务回单，请勿重复记账使用。
　　　2.已在银行柜台领用业务回单的单位，请注意核对，勿重复记账使用。

打印时间：2024年11月04日17时11分

图 6-5　支付张博的报销费用的原始凭证和记账凭证

记 账 凭 证

年 月 日　　　记字第 号

摘要	总账科目	明细科目	记账√	借方金额 千百十万千百十元角分	记账√	贷方金额 千百十万千百十元角分
合　计						

财务主管　　　　记账　　　　出纳　　　　审核　　　　制单

续图 6-5

（5）2024年11月4日，缴纳上月个人所得税，其原始凭证和记账凭证如图6-6所示。

中国工商银行
电子缴税付款凭证　　　　凭证

缴税日期： 2024 年 11 月 04 日　　　凭证字号：20200010

纳税人全称及纳税人识别号：海口市美欣工艺有限公司　　91460107M764437621
付款人全称：海口市美欣工艺有限公司
付款人账号：3007846571274844802　　征收机关名称：海口琼山区地方税务局
付款人开户行：工行海口琼山区麦领路支行　　收款国库（银行）名称：
小写(合计)金额：¥1,341.74　　缴款书交易流水号：41392280
大写(合计)金额：壹仟叁佰肆拾壹元柒角肆分　　税票号码：836124511618410940
税（费）种名称　　所属日期　　实缴金额（单位：元）
个人所得税　　-　　¥1,341.74
　　-
　　-
　　-

第　次打印　　打印时间： 2024 年 11 月 04 日

客户回单联　　验证码：100877　　复核：　　记账：

记 账 凭 证

年 月 日　　　记字第 号

摘要	总账科目	明细科目	记账√	借方金额 千百十万千百十元角分	记账√	贷方金额 千百十万千百十元角分
合　计						

财务主管　　　　记账　　　　出纳　　　　审核　　　　制单

图 6-6　缴纳上月个人所得税的原始凭证和记账凭证

（6）2024 年 11 月 5 日，三亚金莎贸易有限公司违约并支付违约金，其原始凭证和记账凭证如图 6-7 所示。

收款凭证

中国工商银行　网银回单

日期： 2024 年 11 月 05 日　　回单编号： 9054

付款人户名： 三亚金莎贸易有限公司	付款人开户行： 工行三亚吉阳区卓朗路支行
付款人账号（卡号）： 6302555306308478408	
收款人户名： 海口市美欣工艺有限公司	收款人开户行： 工行海口琼山区麦领路支行
收款人账号（卡号）： 3007846571274844802	

金额： 人民币 贰万元整　　　　　　　　小写：CNY 20,000.00

业务（产品）种类：　　　　　凭证种类：　　　　　凭证号码：

摘要： 支付违约金　　　　用途：　　　　　　币种：

交易机构：　　　记账柜员：　　　交易代码：　　　渠道：

附言：

支付交易序号：

报文种类：　　　　委托日期：　　　　业务种类：

本回单为第　　次打印，注意重复　　打印日期： 2024.11.05　　打印柜员：

专用章验证码：

记 账 凭 证

年　　月　　日　　　　　　　记字第　　　号

摘要	总账科目	明细科目	记账√	借方金额										记账√	贷方金额										
				千	百	十	万	千	百	十	元	角	分		千	百	十	万	千	百	十	元	角	分
合　计																									

财务主管　　　　记账　　　　出纳　　　　审核　　　　制单

图 6-7　支付违约金的原始凭证和记账凭证

（7）2024 年 11 月 6 日，通过转账方式归还 2024 年 11 月 1 日购买材料款，其原始凭证和记账凭证如图 6-8 所示。

（8）2024 年 11 月 6 日，生产产品领用材料，其原始凭证和记账凭证如图 6-9 所示。

付　款　回　单

中国工商银行

日期：　2024年11月06日	业务类型：	流水号：050581557518

付款账号：2735048546540440615　　户名：海口市美欣工艺有限公司

开户行：　工行海口龙华区东道路支行

金额（大写）：人民币 贰仟捌佰贰拾伍元整

金额（小写）：CNY 2,825.00

业务编号：846102563367

摘要：支付材料款　　　　　　　　　批次号：324223521624

经办：　　　　　　　　　回单编号：903244689981　　326446

提示：1. 电子回单验证相同表示同一笔业务回单，请勿重复记账使用。
　　　2. 已在银行柜台领用业务回单的单位，请注意核对，勿重复记账使用。

打印时间：　2024年11月06日9时42分

记　账　凭　证

年　　月　　日　　　　　　　记字第　　　号

摘要	总账科目	明细科目	记账√	借方金额									记账√	贷方金额								
				千	百	十	万	千	百	十	元	角	分		千	百	十	万	千	百	十	元	角	分
合　计																						

附单据　　张

财务主管　　　　　记账　　　　　出纳　　　　　审核　　　　　制单

图 6-8　支付材料款的原始凭证和记账凭证

领　料　单

领料部门：生产部门

用　　途：生产甲产品　　　　　2024 年 11 月 06 日　　　编号：828

材料编号	材料名称	规格	计量单位	数量		成本	
				请领	实发	单价	金额
	1#材料		千克	200	200		0.00
	2#材料		千克	300	300		0.00
	3#材料		千克	400	400		0.00
合　计				900	900		¥0.00

主管：罗婵　　记账：孙金　　仓管主管：何华　　领料：　　发料：

图 6-9　生产产品领用材料的原始凭证和记账凭证

领 料 单

领料部门：生产部门

用　途：生产乙产品　　　　　　2024 年 11 月 06 日　　　　　编号：175

材料编号	材料名称	规格	计量单位	数量		成本	
				请领	实发	单价	金额
	1#材料		千克	300	300		0.00
	2#材料		千克	500	500		0.00
	3#材料		千克	200	200		0.00
	合　计			1000	1000		¥0.00

主管：罗婵　　　记账：孙金　　　仓管主管：何华　　　领料：　　　发料：

记 账 凭 证

年　月　日　　　　　　　记字第　　号

摘要	总账科目	明细科目	记账√	借方金额										记账√	贷方金额									
				千	百	十	万	千	百	十	元	角	分		千	百	十	万	千	百	十	元	角	分
合　计																								

财务主管　　　记账　　　出纳　　　审核　　　制单

附单据　张

续图 6-9

（9）2024 年 11 月 7 日，销售产品，款未收，其原始凭证和记账凭证如图 6-10 所示。

图 6-10　销售产品的原始凭证和记账凭证

4600231140

海南　增值税专用发票

№ 03248927

4600231140
03248927

此联不作报折、和税凭证使用

开票日期：2024年11月07日

机器编号：982888812388

购买方	名　　称：三亚乐春工贸有限公司 纳税人识别号：91460201M376604133 地　址、电话：三亚市邦领路091号29961019 开户行及账号：工行三亚市碧伦路支行5039521685726378710	密码区	8*10>#>95672845-8303%48584>6 56%7->9#86>79>50%42>*0349>!- 4%6*13-%28318##14-9#83>4211# >*#>##9781>43%780175*0-307>0

货物或应税劳务、服务名称	规格型号	单位	数量	单价	金额	税率	税额
甲产品	1000*1000*100	件	2000	50.00	100,000.00	13%	13,000.00
乙产品	300*400*500	件	3000	60.00	180,000.00	13%	23,400.00
合　　计					￥280,000.00		￥36,4000.00

价税合计（大写）	⊗叁拾壹万陆仟肆佰元整	（小写）￥316,400.00

销售方	名　　称：海口市美欣工艺有限公司 纳税人识别号：91460107M764437621 地　址、电话：海口琼山区金迅路568号83261432 开户行及账号：工行海口琼山区爽领路支行3007846571274844902	备注	校验码 52118 0291? 08249 65199

收款人：　　　　　复核：孙金　　　　　开票人：何英

第一联：记账联　销售方记账凭证

税务局[202X]××号××××公司

产品出库汇总表

2024 年 11 月 07 日　　　　附单据　　张

产品名称	规格型号	计量单位	出库数量	备注
甲产品		件	2000	
乙产品		件	3000	
合　计				

审核：罗婵　　　　　制单：孙金

记账凭证

年　月　日　　　　记字第　号

摘要	总账科目	明细科目	记账√	借方金额 千 百 十 万 千 百 十 元 角 分	记账√	贷方金额 千 百 十 万 千 百 十 元 角 分
合　计						

财务主管　　　　记账　　　　出纳　　　　审核　　　　制单

附单据　张

续图 6-10

（10）2024年11月8日，取得银行回单，收到货款，其原始凭证和记账凭证如图6-11所示。

收款凭证

中国工商银行　网银回单

日期：2024 年 11 月 08 日　回单编号：0998

付款人户名：三亚乐春工贸有限公司　付款人开户行：工行三亚市碧伦路支行

付款人账号（卡号）：5039521685728378710

收款人户名：海口市美欣工艺有限公司　收款人开户行：工行海口琼山区麦领路支行

收款人账号（卡号）：3007846571274844802

金额：人民币 叁拾壹万陆仟肆佰元整　小写：CNY 316,400.00

业务（产品）种类：　凭证种类：　凭证号码：

摘要：支付购货款　用途：　币种：

交易机构：　记账柜员：　交易代码：　渠道：

附言：

支付交易序号：

报文种类：　委托日期：　业务种类：

本回单为第　次打印，注意重复　打印日期：2024.11.08　打印柜员：

图 6-11　支付购货款的原始凭证和记账凭证

（11）2024 年 11 月 9 日，购进材料，其原始凭证和记账凭证如图 6-12 所示。

图 6-12　购进材料的原始凭证和记账凭证

海南　增值税电子普通发票

发票代码：202195028694
发票号码：62539683
开票日期：2024年11月09日
校验码：57684709370932302716

机器编号：999049809674

购买方	名　　称：海口市美欣工艺有限公司 纳税人识别号：91460107M764437621 地　址、电话：海口琼山区金迅路568号83261432 开户行及账号：工行海口琼山区麦领路支行3007846571274844802	密码区	16>6924725-90387*5*>84999607 #4080#-02657>>73573136#39>31 7-%#3019#990#0>#9*160-83->6 11-0-%%9*57%#*8%94-6743#362

货物或应税劳务、服务名称	规格型号	单位	数量	单价	金额	税率	税额
运输费		次	1	1,200.00	1,200.00	9%	108.00
合　计					¥1,200.00		¥108.00

价税合计（大写）	⊗ 壹仟叁佰零捌元整	（小写）¥1,308.00

销售方	名　　称：元迈国际货运代理有限公司 纳税人识别号：91469023M515745351 地　址、电话：省直辖县级行政区划澄迈县沃宣路739号09257066 开户行及账号：工行省直辖县级行政区划澄迈县康江路支行2410033875863952247	备注	

收款人：　　复核：陈挺　　开票人：郭妯　　销售方：（章）

中国工商银行

付款回单

日期：2024年11月09日　　业务类型：　　　　　流水号：762127527871
付款账号：3007846571274844802　　户名：海口市美欣工艺有限公司
开户行：工行海口琼山区麦领路支行
金额（大写）：人民币 陆万壹仟壹佰玖拾捌元整
金额（小写）：CNY 61,198.00
业务编号：458749434620

摘要：支付材料款及运费　　批次号：871941240484

经办：　　　　回单编号：721481408726　　　145683

提示：1. 电子回单验证相同表示同一笔业务回单，请勿重复记账使用。
　　　2. 已在银行柜台领用业务回单的单位，请注意核对，勿重复记账使用。

打印时间：2024年11月09日10时52分

记账凭证

年　　月　　日　　　　　　　　　　　记字第　　　号

摘要	总账科目	明细科目	记账√	借方金额										记账√	贷方金额										
				千	百	十	万	千	百	十	元	角	分		千	百	十	万	千	百	十	元	角	分	
合　计																									

财务主管　　　记账　　　出纳　　　审核　　　制单

续图 6-12

（12）2024 年 11 月 10 日，将 2024 年 11 月 9 日购入的材料全部如数验收入库，其原始凭证和记账凭证如图 6-13 所示。运费按重量进行分配。

材料入库单

发票号码：									收料单编号：		
供应单位：											
收发类别：			年	月	日				收料仓库：		

编号	名称	规格	单位	数量		实际成本				
				应收	实收	买价		运杂费	其他	合计
						单价	金额			
合　计										
备　注										

采购员：　　　　检验员：　　　　记账员：　　　　保管员：

记 账 凭 证

年　月　日　　　　　记字第　　号

摘要	总账科目	明细科目	记账√	借方金额 千百十万千百十元角分	记账√	贷方金额 千百十万千百十元角分
合　计						

财务主管　　　记账　　　出纳　　　审核　　　制单

附单据　张

图 6-13　材料验收入库的原始凭证和记账凭证

（13）2024 年 11 月 10 日，支付上月工资，其原始凭证和记账凭证如图 6-14 所示。

图 6-14　支付上月工资的原始凭证和记账凭证

记 账 凭 证

年　月　日　　　　　　　记字第　　号

摘要	总账科目	明细科目	记账√	借方金额 千百十万千百十元角分	记账√	贷方金额 千百十万千百十元角分
合　计						

财务主管　　　记账　　　出纳　　　审核　　　制单

附单据　张

续图6-14

（14）2024年11月11日，支付税务罚款，其原始凭证和记账凭证如图6-15所示。

中国工商银行

付 款 回 单

日期：2024年11月11日　　业务类型：　　　流水号：328020348925
付款账号：3007846571274844802　户名：海口市美欣工艺有限公司
开户行：工行海口琼山区麦领路支行
金额（大写）：人民币 壹万元整
金额（小写）：CNY 10,000.00
业务编号：486172564659

摘要：支付税务罚款　　　批次号：171793471308
经办：　　　　　　回单编号：584095287262　　434436

（电子回单专用章）

提示：1.电子回单验证相同表示同一笔业务回单，请勿重复记账使用。
2.已在银行柜台领用业务回单的单位，请注意核对，勿重复记账使用。
打印时间：2024年11月11日10时45分

记 账 凭 证

年　月　日　　　　　　　记字第　　号

摘要	总账科目	明细科目	记账√	借方金额 千百十万千百十元角分	记账√	贷方金额 千百十万千百十元角分
合　计						

财务主管　　　记账　　　出纳　　　审核　　　制单

附单据　张

图6-15　支付税务罚款的原始凭证和记账凭证

（15）2024年11月12日，行政部门购买办公用品，其原始凭证和记账凭证如图6-16所示。

付款凭证

中国工商银行 网银回单

日期: 2024 年 11 月 12 日	回单编号: 4860

付款人户名: 海口市美欣工艺有限公司　　付款人开户行: 工行海口琼山区麦领路支行

付款人账号(卡号): 3007846571274844802

收款人户名: 济南昂春文化用品有限公司　　收款人开户行: 工行济南市欧拓路支行

收款人账号(卡号): 6647329691192554016

金额: 人民币 壹仟贰佰壹拾肆元柒角伍分　　　　　小写: CNY 1,214.75

业务(产品)种类:　　　凭证种类:　　　凭证号码:

摘要: 支付办公用品费用　用途:　　　币种:

交易机构:　　记账柜员:　　交易代码:　　渠道:

附言:

支付交易序号:

报文种类:　　委托日期:　　业务种类:

本回单为第 次打印, 注意重复　打印日期: 2024.11.12　打印柜员:

3700231140	山东 增值税普通发票	№ 29346889	3700231140 29346889

机器编号: 982888812388　　　　　　　　　　开票日期: 2024年11月12日

购买方　名称: 海口市美欣工艺有限公司

纳税人识别号: 91460107M764437621

地址、电话: 海口琼山区金迅路568号83261432

开户行及账号: 工行海口琼山区麦领路支行3007846571274844802

密码区: 03356#1*6*9876*80*>-011%8102-2)933)52->04#8*%*404)>)##*-053#3#372*78#)30*10*31#91316>82156*74-2-2*%65>2261836)6

货物或应税劳务、服务名称	规格型号	单位	数量	单价	金额	税率	税额
打印纸		包	20	35.00	700.00	13%	91.00
笔		盒	30	12.50	375.00	13%	48.75
合　计					¥1,075.00		¥139.75

价税合计(大写) ⊗ 壹仟贰佰壹拾肆元柒角伍分　　(小写) ¥1,214.75

销售方　名称: 济南昂春文化用品有限公司

纳税人识别号: 91370100M927485933

地址、电话: 济南市新途路142号25048189

开户行及账号: 工行济南市欧拓路支行6647329691192554016

备注: 校验码 52118 02812 08248 65195

收款人:　　复核: 黄山　　开票人: 陈挺

办公用品领用单

领用物品: 打印纸、笔　　2024 年 11 月 12 日

领用部门	领发数量	金额
行政部门	打印纸20包	
行政部门	笔30盒	
合　计		

审核: 刘海明　　　　　　　　　　　　制表: 李娜

图 6-16　购买办公用品的原始凭证和记账凭证

续图 6-16

（16）2024 年 11 月 13 日，支付电费。暂计入"应付账款"科目，期末分配核算。其原始凭证和记账凭证如图 6-17 所示。

图 6-17 支付电费的原始凭证和记账凭证

记 账 凭 证

年　月　日　　　　　　　　　记字第　　　号

摘要	总账科目	明细科目	记账√	借方金额										记账√	贷方金额										附单据张
				千	百	十	万	千	百	十	元	角	分		千	百	十	万	千	百	十	元	角	分	
合　计																									

财务主管　　　　　记账　　　　　出纳　　　　　审核　　　　　制单

续图 6-17

（17）2024 年 11 月 14 日,产成品入库,其原始凭证和记账凭证如图 6-18 所示。

入 库 单

2024 年 11 月 14 日　　　　　　单号 338819

交来单位或部门	生产部门		发票号码或生产单号码		验收仓库		入库日期	2022-11-14	
编号	名称及规格	单位	数量		实际价格		计划价格		价格差异
			交库	实收	单价	金额	单价	金额	
	甲产品1000*1000*1000	件	2400	2400		0.00		0.00	0.00
	乙产品300*400*500	件	3000	3000		0.00		0.00	0.00
	合　　　计		5400	5400		¥0.00		¥0.00	¥0.00

部门经理：梁国　　　　　会计：孙金　　　　　仓库：何华　　　　　经办人：王娟

记 账 凭 证

年　月　日　　　　　　　　　记字第　　　号

摘要	总账科目	明细科目	记账√	借方金额										记账√	贷方金额										附单据张
				千	百	十	万	千	百	十	元	角	分		千	百	十	万	千	百	十	元	角	分	
合　计																									

财务主管　　　　　记账　　　　　出纳　　　　　审核　　　　　制单

图 6-18　产成品入库的原始凭证和记账凭证

（18）2024 年 11 月 15 日,购进 2# 材料,其原始凭证和记账凭证如图 6-19 所示。

材料入库单

发票号码：

供应单位：海南诣金建材有限公司　　　　　　　　　　　　　　　　收料单编号：

收发类别：　　　　　　　　　2024 年 11 月 15 日　　　　　　　　收料仓库：

编号	名称	规格	单位	数量		实际成本				
				应收	实收	买价		运杂费	其他	合计
						单价	金额			
	2#材料		千克	500	500		0.00			0.00
	合　计			500	500		¥0.00			¥0.00
	备　注									

采购员：梁国　　　　检验员：王娟　　　　　　记账员：孙金　　　　　　保管员：王娟

4600231140　　海南增值税专用发票　№ 65340588　　4600231140
　　　　　　　　　　　　　　海南　　　　　　　　　　　　　　65340588

机器编号：982888812388　　抵扣联　　开票日期：2024年11月15日

购买方	名　称：海口市美欣工艺有限公司	密码区	-8>-000581#4*#-15*7601137#36
	纳税人识别号：91460107M764437621		#79#>*10904>3-5836838-636-*6
	地址、电话：海口市琼山区金迅路568号83261432		*%*047%%522%*#89#80%**%7*>22
	开户行及账号：工行海口琼山麦领路支行3007846571274844802		997*1376#4>895*5583-8)130)*9

货物或应税劳务、服务名称	规格型号	单位	数量	单价	金额	税率	税额
2#材料		千克	500	7.00	3,500.00	13%	455.00
合　计					¥3,500.00		¥455.00

价税合计（大写）　⊗ 叁仟玖佰伍拾伍元整　　　　　　（小写）¥3,955.00

销售方	名　称：海南诣金建材有限公司	备注	校验码 52118 02817 08248 65199
	纳税人识别号：91460105M536932456		
	地址、电话：海口秀英区联宜路223号58752920		
	开户行及账号：工行海口秀英区普爱路支行2622904814900714406		

收款人：　　　　复核：高义鹤　　　　开票人：刘艇壮

第二联：抵扣联　购买方扣税凭证

4600231140　　海南增值税专用发票　№ 65340588　　4600231140
　　　　　　　　　　　　　　海南　　　　　　　　　　　　　　65340588

机器编号：982888812388　　抵扣联　　开票日期：2024年11月15日

购买方	名　称：海口市美欣工艺有限公司	密码区	-8>-000581#4*#-15*7601137#36
	纳税人识别号：91460107M764437621		#79#>*10904>3-5836838-636-*6
	地址、电话：海口市琼山区金迅路568号83261432		*%*047%%522%*#89#80%**%7*>22
	开户行及账号：工行海口琼山麦领路支行3007846571274844802		997*1376#4>895*5583-8)130)*9

货物或应税劳务、服务名称	规格型号	单位	数量	单价	金额	税率	税额
运输费			1	500.00	500.00	9%	45.00
合　计					¥500.00		¥45.00

价税合计（大写）　⊗ 伍佰肆拾伍元整　　　　　　（小写）¥545.00

销售方	名　称：元迈国际货运代理有限公司	备注	校验码 52118 02817 08248 65199
	纳税人识别号：91469023M515745351		
	地址、电话：省直辖县级行政区划澄迈县沃宜路739号09257066		
	开户行及账号：工行省直辖县级行政区划澄迈县康心路支行2410033875853952247		

收款人：　　　　复核：陈挺　　　　开票人：郭妯

第二联：抵扣联　购买方扣税凭证

图 6-19　购进 2# 材料的原始凭证和记账凭证

付 款 回 单

中国工商银行

日期：2024年11月15日　　　业务类型：　　　　　　流水号：710365298281

付款账号：3007846571274844802　　户名：海口市美欣工艺有限公司

开户行：工行海口琼山区麦领路支行

金额（大写）：人民币 肆仟伍佰元整

金额（小写）：CNY 4,500.00

业务编号：495087104030

摘要：支付材料款及运费　　　　　　批次号：346427362272

经办：　　　　　　　　回单编号：769629179146　　619170

提示：1.电子回单验证相同表示同一笔业务回单，请勿重复记账使用。
　　　2.已在银行柜台领用业务回单的单位，请注意核对，勿重复记账使用。

打印时间：2024年11月15日10时05分

记 账 凭 证

摘要	总账科目	明细科目	记账√	借方金额										记账√	贷方金额									
				千	百	十	万	千	百	十	元	角	分		千	百	十	万	千	百	十	元	角	分
合　计																								

财务主管　　　　记账　　　　出纳　　　　审核　　　　制单

续图 6-19

（19）2024 年 11 月 16 日，支付仓库租金，其原始凭证和记账凭证如图 6-20 所示。

海南 增值税电子普通发票

发票代码：251985756634
发票号码：10242691
开票日期：2024年11月16日
校验码：52562772163090764972

机器编号：575168988962

货物或应税劳务、服务名称	规格型号	单位	数量	单价	金额	税率	税额
仓库租金		平方米	30	200.00	6,000.00	3%	180.00
合　计					¥6,000.00		¥180.00

购买方　名称：海口市美欣工艺有限公司　纳税人识别号：91460107MT764437621　地址、电话：海口琼山区金迅路568号83261432　开户行及账号：工行海口琼山区麦领路支行3007846571274844802

密码区：125-3465#-#-#1%>5%*6*8)1-#18--5%*6)49%014-#7174)4#6-59-#46#-02*2664-93)9**898)-17340 0886)#53018469*>%)-70%069956

价税合计（大写）　⊗ 陆仟壹佰捌拾元整　　　（小写）¥6,180.00

销售方　名称：海南宇朗物业有限公司　纳税人识别号：91460000MT747427510　地址、电话：海南省彩路434号07043456　开户行及账号：工行海南省圣彩路4837855367770711755

备注

收款人：　　　复核：陈挺　　　开票人：高少军　　　销售方：（章）

图 6-20　支付仓库租金的原始凭证和记账凭证

付 款 凭 证

中国工商银行　网银回单

日期：2024 年 11 月 16 日	回单编号：1780

付款人户名：　海口市美欣工艺有限公司　　　　　付款人开户行：　工行海口琼山区麦领路支行

付款人账号（卡号）：3007846571274844802

收款人户名：　海南宇朗物业有限公司　　　　　　收款人开户行：　工行海南省圣彩路支行

收款人账号（卡号）：4837855367770711755

金额：人民币 陆仟壹佰捌拾元整　　　　　　　　小写：CNY 6,180.00

业务（产品）种类：　　　　　凭证种类：　　　　　凭证号码：

摘要：　支付仓库租金　　　　用途：　　　　　　　币种：

交易机构：　　　　记账柜员：　　　　交易代码：　　　　渠道：

附言：

支付交易序号：

报文种类：　　　　　　委托日期：　　　　　业务种类：

本回单为第　　次打印，注意重复　　打印日期：2024.11.16　　打印柜员：

记 账 凭 证

年　　月　　日　　　　　　　　　　记字第　　号

摘要	总账科目	明细科目	记账√	借方金额										记账√	贷方金额										附单据张
				千	百	十	万	千	百	十	元	角	分		千	百	十	万	千	百	十	元	角	分	
合　计																									

财务主管　　　　记账　　　　出纳　　　　审核　　　　制单

图 6-20　支付仓库租金的原始凭证和记账凭证

（20）2024 年 11 月 17 日，生产领料，其原始凭证和记账凭证如图 6-21 所示。

领 料 单

领料部门：生产部门

用　途：生产甲产品　　　　2024 年 11 月 17 日　　　　编号：829

材料编号	材料名称	规格	计量单位	数　量		成　本	
				请领	实发	单价	金额
	1#材料		千克	400	400		0.00
	2#材料		千克	200	200		0.00
	3#材料		千克	300	300		0.00
合　计				900	900		¥0.00

主管：罗婵　　　记账：孙金　　　仓管主管：何华　　　领料：　　　　发料：

图 6-21　生产领料的原始凭证和记账凭证

领 料 单

领料部门：生产部门

用　途：生产乙产品　　　　2024 年 11 月 17 日　　　　编号：176

材料编号	材料名称	规格	计量单位	数量		成本	
				请领	实发	单价	金额
	1#材料		千克	200	200		0.00
	2#材料		千克	600	600		0.00
	3#材料		千克	300	300		0.00
合　计				1100	1100		¥0.00

主管：罗婵　　　记账：孙金　　　仓管主管：何华　　　领料：　　　发料：

记 账 凭 证

　　　　年　　月　　日　　　　　　　　　　记字第　　　号

摘要	总账科目	明细科目	记账√	借方金额										记账√	贷方金额									
				千	百	十	万	千	百	十	元	角	分		千	百	十	万	千	百	十	元	角	分
合　计																								

财务主管　　　　记账　　　　出纳　　　　审核　　　　制单

附单据　张

续图 6-21

（21）2024 年 11 月 18 日，向灾区捐款，其原始凭证和记账凭证如图 6-22 所示。

中国工商银行　网银回单　付 款 凭 证

日　期：2024 年 11 月 18 日　　　　回单编号：2432

付款人户名：　海口市美欣工艺有限公司　　　付款人开户行：工行海口琼山区麦领路支行

付款人账号（卡号）：3007846571274844802

收款人户名：　海南省红十字会　　　　收款人开户行：工行海南省奥文路支行

收款人账号（卡号）：8323985037224075683

金额：人民币 贰万元整　　　　　　　　　小写：CNY 20,000.00

业务（产品）种类：　　　　　　　　　　凭证种类：

摘要：　向灾区捐款　　　　用途：　　　　凭证号码：

交易机构：　　　　记账柜员：　　　　交易代码：　　　　渠道：

附言：

支付交易序号：

报文种类：　　　　委托日期：　　　　业务科目：

本回单为第　　次打印，注意重复　　打印日期：2024.11.18　　打印柜员：

图 6-22　向灾区捐款的原始凭证和记账凭证

记 账 凭 证

年　月　日　　　　　　　　　　　　　　　记字第　　　号

摘要	总账科目	明细科目	记账√	借方金额										记账√	贷方金额										附单据张
				千	百	十	万	千	百	十	元	角	分		千	百	十	万	千	百	十	元	角	分	
合　计																									

财务主管　　　　　　记账　　　　　　出纳　　　　　　审核　　　　　　制单

续图 6-22

（22）2024 年 11 月 19 日,行政部门领料,其原始凭证和记账凭证如图 6-23 所示。

领　料　单

领料部门：行政部门

用　途：　　　　　　　　　　　2024 年 11 月 19 日　　　　　　编号：044

材料编号	材料名称	规格	计量单位	数　量		成　本	
				请领	实发	单价	金额
	3#材料		千克	100	100		0.00
合　计				100	100		¥0.00

主管：罗婵　　　记账：孙金　　　仓管主管：何华　　　领料：　　　发料：

记 账 凭 证

年　月　日　　　　　　　　　　　　　　　记字第　　　号

摘要	总账科目	明细科目	记账√	借方金额										记账√	贷方金额										附单据张
				千	百	十	万	千	百	十	元	角	分		千	百	十	万	千	百	十	元	角	分	
合　计																									

财务主管　　　　　　记账　　　　　　出纳　　　　　　审核　　　　　　制单

图 6-23　行政部门领料的原始凭证和记账凭证

（23）2024 年 11 月 20 日,销售 1# 材料,其原始凭证和记账凭证如图 6-24 所示。

领 料 单

领料部门：销售部门

用　途：销售1#材料　　　　　　　　　2024 年 11 月 20 日　　　　　　　编号：800

材料编号	材料名称	规格	计量单位	数量		成本	
				请领	实发	单价	金额
	1#材料		千克	200	200		0.00
合　计				200	200		¥0.00

主管：罗婵　　　记账：孙金　　　仓管主管：何华　　　领料：　　　发料：

海南 增值税电子专用发票

发票代码：939991308623
发票号码：29363438
开票日期：2024年11月20日
校验码：14317454197192304003

机器编号：567376358845

购买方	名　称：海南裕丰有限公司
	纳税人识别号：91469002M752017185
	地址、电话：琼海市绿景路966号23084239
	开户行及账号：工行琼海市隆途路支行1179459110293118450

密码区：
%*1-8-10>7836—17137%>>115*5
34828#72*219>700*2923%*69*83
*-7%-%1-%#**->54773*24013#28
031*804##*#31>529#>5138-0438

项目名称	规格型号	单位	数量	单价	金额	税率	税额
1#材料		千克	200	6.50	1,300.00	13%	169.00
合　计					¥1,300.00		¥169.00

价税合计（大写）　壹仟肆佰陆拾玖元整　　　　　　　　　（小写）¥1,469.00

销售方	名　称：海口市美欣工艺有限公司	备注
	纳税人识别号：91460107M764437621	
	地址、电话：海口琼山区金迅路568号83261432	
	开户行及账号：工行海口琼山区麦领路支行3007846571274844802	

收款人：孙金　　　复核：罗婵　　　开票人：孙金

中国工商银行

凭证

业务回单（收款）

日期：2024 年 11 月 20 日　　　　回单编号：10438710977

付款人户名：海南裕丰有限公司　　　　付款人开户行：工行琼海市隆途路支行

付款人账号（卡号）：1179459110293118450

收款人户名：海口市美欣工艺有限公司　　　收款人开户行：工行海口琼山区麦领路支行

收款人账号（卡号）：3007846571274844802

金额：壹仟肆佰陆拾玖元整　　　　　　　　　　　　小写：CNY 1,469.00

业务（产品）种类：　　　　　　凭证种类：0547283679　　　凭证号码：47802017488388227

摘要：　　　　　　　　　　　用途：　　　　　　　　　　币种：人民币

交易机构：3284603320　　记账柜员：74166　　交易代码：69211　　渠道：

3007846571274844802

本回单为第　　次打印，注意重复　打印日期：2024 年 11 月 20 日　打印柜员：0　验证码：965855371246

图 6-24　销售 1# 材料的原始凭证和记账凭证

购 销 合 同

合同编号:70310295

购货单位（甲方）：海南裕丰有限公司

供货单位（乙方）：海口市美欣工艺有限公司

根据《中华人民共和国合同法》及国家相关法律、法规之规定，甲乙双方本着平等互利的原则，就甲方购买乙方货物一事达成以下协议：

一、货物的名称、数量及价格：

货物名称	规格型号	单位	数量	单价	金额	税率	价税合计
1#材料		千克	200	6.50	1,300.00	13%	1,469.00
合计（大写）	壹仟肆佰陆拾玖元整						¥1,469.00

二、交货方式和费用承担：交货方式：购货方自行提货，交货时间：2024年11月20日 前，交货地点：购买方运营第，运费由 购货方 承担。

三、付款时间与付款方式：货到付款

四、质量异议期：订货方对供货方的货物质量有异议时，应在收到货物后 3天 内提出，逾期视为货物质量合格。

五、未尽事宜经双方协商可订立补充条款，与本合同具有同等效力。

六、本合同自双方签字之日起生效，本合同壹式贰份，甲乙双方各执壹份。

甲方（签章）：

授权代表：吴娟

地 址：琼海市绿景路966号

电 话：23084239

日 期：2024 年 11 月 18 日

乙方（签章）：

授权代表：周英

地 址：海口琼山区金迅路568号

电 话：83261432

日 期：2024 年 11 月 18 日

记 账 凭 证

年 月 日　　　　　　　　　记字第　　号

摘要	总账科目	明细科目	记账√	借方金额										记账√	贷方金额										
				千	百	十	万	千	百	十	元	角	分		千	百	十	万	千	百	十	元	角	分
合计																								

财务主管　　　　记账　　　　出纳　　　　审核　　　　制单

续图 6-24

（24）2024 年 11 月 23 日，解除张军劳动关系，核算结转补偿金，其原始凭证和记账凭证如图 6-25 所示。

付款凭证

中国工商银行 网银回单

日期: 2024 年 11 月 23 日	回单编号: 6623

付款人户名: 海口市美欣工艺有限公司　　　　　　付款人开户行: 工行海口琼山区麦领路支行

付款人账号(卡号): 3007846571274844802

收款人户名: 张军　　　　　　　　　　　　　　收款人开户行:

收款人账号(卡号): 6217484480278465712

金额: 人民币 伍仟元整　　　　　　　　　　　小写: CNY 5,000.00

业务(产品)种类:　　　　凭证种类:　　　　　　凭证号码:

摘要: 支付解除合同补偿金　用途:　　　　　　　币种:

交易机构:　　　记账柜员:　　　交易代码:　　　渠道:

附言:

支付交易序号:

报文种类:　　　委托日期:　　　　　　业务种类:

本回单为第　次打印,注意重复　打印日期: 2024.11.23　打印柜员:

记 账 凭 证

年　月　日　　　　　　记字第　　号

摘要	总账科目	明细科目	记账√	借方金额 千百十万千百十元角分	记账√	贷方金额 千百十万千百十元角分	
							附单据　张
合　计							
财务主管　　　记账　　　出纳　　　审核　　　制单							

图 6-25　支付解除合同补偿金的原始凭证和记账凭证

(25)2024 年 11 月 27 日,产品入库,其原始凭证和记账凭证如图 6-26 所示。

入 库 单

2024　年　11　月　27　日　　　　　　单号　911534

交来单位或部门	生产部门		发票号码或生产单号码		验收仓库		入库日期	2024-11-27	
编号	名称及规格	单位	数量 交库　实收		实际价格 单价　金额		计划价格 单价　金额		价格差异
	甲产品1000*1000*1000	件	3000	3000	0.00		0.00		0.00
	乙产品300*400*500	件	1900	1900	0.00		0.00		0.00
	合　　计		4900	4900	¥0.00		¥0.00		¥0.00
部门经理　梁国　　　会计　孙金　　　仓库　何华　　　经办人　王娟									

图 6-26　产品入库的原始凭证和记账凭证

记 账 凭 证

年　月　日　　　　　　　　　　　记字第　　　号

摘要	总账科目	明细科目	记账√	借方金额 千百十万千百十元角分	记账√	贷方金额 千百十万千百十元角分
合　计						

财务主管　　　　　　记账　　　　　　出纳　　　　　　审核　　　　　　制单

附单据　张

续图 6-26

（26）2024年11月30日，分配本月社保费用，其原始凭证和记账凭证如图6-27所示。

海口市美欣工艺有限公司社保分配表

部门		生产车间	行政管理部门	合计
生产工人	甲产品	11,239.00		11,239.00
	乙产品	8,429.85		8,429.85
车间管理人		1,686.77		1,686.77
行政管理人			3,933.93	3,933.93
合计		¥21,355.62	¥3,933.93	¥25,289.55

记 账 凭 证

年　月　日　　　　　　　　　　　记字第　　　号

摘要	总账科目	明细科目	记账√	借方金额 千百十万千百十元角分	记账√	贷方金额 千百十万千百十元角分
合　计						

财务主管　　　　　　记账　　　　　　出纳　　　　　　审核　　　　　　制单

附单据　张

图 6-27　分配本月社保费用的原始凭证和记账凭证

（27）2024年11月30日，支付本月社保费用，其原始凭证和记账凭证如图6-28所示。

（28）2024年11月30日，分配并发放本月工资费用，其原始凭证和记账凭证如图6-29所示。

付款回单

中国工商银行

日期： 2024年11月30日　　业务类型：　　　　　流水号： 698819038773

付款账号： 3007846571274844802　　户名： 海口市美欣工艺有限公司

开户行： 工行海口琼山区麦领路支行

金额（大写）：人民币 贰万伍仟贰佰捌拾玖元伍角伍分

金额（小写）： CNY 25,289.55

业务编号： 910789496990

摘要： 支付社保费用　　　　　　　批次号： 334981203754

经办：　　　　　　　　　　回单编号： 284422460006　　979044

提示：1.电子回单验证相同表示同一笔业务回单，请勿重复记账使用。

2.已在银行柜台领用业务回单的单位，请注意核对，勿重复记账使用。

打印时间： 2024年11月30日10时05分

记 账 凭 证

年　　月　　日　　　　　　　　记字第　　号

摘要	总账科目	明细科目	记账√	借方金额									记账√	贷方金额								
				千	百	十	万	千	百	十	元	角	分	千	百	十	万	千	百	十	元	角	分
合　计																							

财务主管　　　　记账　　　　出纳　　　　审核　　　　制单

图 6-28　支付社保费用的原始凭证和记账凭证

工资费用分配表

2024 年 11 月 30 日

部门	应付工资	个人所得税	社会保险费（个人）	代扣合计	实发工资
生产工人（甲产品）	111790.00	451.40	4955.00	5406.40	106383.60
生产工人（乙产品）	73420.00	113.55	3716.25	3829.80	69590.20
车间管理人员	34118.00	610.69	743.25	1353.94	32764.06
行政管理人员	56790.00	1,202.85	1734.25	2937.10	53852.90
合　计	¥276118.00	¥2,378.49	¥11148.75	¥13527.24	¥262590.76

审核　罗婵　　　　　　　　制表　孙金

图 6-29　分配并发放本月工资费用的原始凭证和记账凭证

付 款 回 单

中国工商银行

日期：2024年11月30日　　　业务类型：　　　　　流水号：962187855652

付款账号：3007846571274844802　　户名：海口市美欣工艺有限公司

开户行：　工行海口琼山区麦领路支行

金额（大写）：人民币 贰拾陆万贰仟伍佰玖拾元柒角陆分

金额（小写）：CNY　262,590.76

业务编号：029129972286

摘要：支付本月工资　　　　　　　　批次号：970669130528

经办：　　　　　　　　回单编号：393861946392　　　　188593

提示：1.电子回单验证相同表示同一笔业务回单，请勿重复记账使用。
　　　2.已在银行柜台领用业务回单的单位，请注意核对，勿重复记账使用。

打印时间：2024年11月30日11时05分

记 账 凭 证

年　　月　　日　　　　　　　　　记字第　　　号

摘要	总账科目	明细科目	记账√	借方金额 千 百 十 万 千 百 十 元 角 分	记账√	贷方金额 千 百 十 万 千 百 十 元 角 分
合　计						

财务主管　　　　　记账　　　　　出纳　　　　　审核　　　　　制单

续图 6-29

（29）2024 年 11 月 30 日,结转代扣款项,其原始凭证和记账凭证如图 6-30 所示。

海口市美欣工艺有限公司代扣款项明细表

部门		代扣社会保险费	代扣个人所得税	合计
生产工人	甲产品	4,955.00	451.40	5,406.40
	乙产品	3,716.25	113.55	3,829.80
车间管理人员		743.25	610.69	1,353.94
行政管理人员		1,734.25	1,202.85	2,937.10
合计		¥11,148.75	¥2,378.49	¥13,527.24

图 6-30　结转代扣款项的原始凭证和记账凭证

记 账 凭 证

年　　月　　日　　　　　　　　　　记字第　　　号

摘要	总账科目	明细科目	记账√	借方金额									记账√	贷方金额									附单据张
				千	百	十	万	千	百	十	元	角	分		千	百	十	万	千	百	十	元	角	分	
合　计																									

财务主管　　　　　　记账　　　　　　出纳　　　　　　审核　　　　　　制单

续图 6-30

（30）2024 年 11 月 30 日,结转发出材料成本,并编制发出材料汇总表,其原始凭证和记账凭证如图 6-31 所示。

发出材料成本计算表

制单日期：

材料名称	期初结存数量	期初结存金额	本期购进数量	本期购进金额	加权平均单价	本期发出数量	本期发出金额	期末结存数量	期末结存金额
1#材料									
2#材料									
3#材料									
合计									

发出材料汇总表

制单日期：

项目	1#材料数量	1#材料金额	2#材料数量	2#材料金额	3#材料数量	3#材料金额	合计
生产甲产品							
生产乙产品							
行政管理部门							
销售							
合计							

图 6-31　结转发出材料成本的原始凭证和记账凭证

记 账 凭 证

年 月 日　　　　　　　　　　记字第　　号

摘要	总账科目	明细科目	记账√	借方金额										记账√	贷方金额										
				千	百	十	万	千	百	十	元	角	分		千	百	十	万	千	百	十	元	角	分
合　计																								

财务主管　　　记账　　　出纳　　　审核　　　制单

续图 6-31

（31）2024 年 11 月 30 日，分配本月电费，其原始凭证和记账凭证如图 6-32 所示。

电费分配表

项目	用电时长（千瓦时）	分配率	金额（元）
生产甲产品	36900	1.00	
生产乙产品	28800	1.00	
车间管理部门	4590	1.00	
行政管理部门	1710	1.00	
合计	7200	1.00	

记 账 凭 证

年 月 日　　　　　　　　　　记字第　　号

摘要	总账科目	明细科目	记账√	借方金额										记账√	贷方金额										
				千	百	十	万	千	百	十	元	角	分		千	百	十	万	千	百	十	元	角	分
合　计																								

财务主管　　　记账　　　出纳　　　审核　　　制单

图 6-32　分配本月电费的原始凭证和记账凭证

（32）2024 年 11 月 30 日，固定资产计提折旧，其原始凭证和记账凭证如图 6-33 所示。

固定资产计提折旧表

项目	固定资产总额（元）	月折旧率	月折旧额（元）
车间管理部门设备	745000.00	0.5%	
行政管理部门设备	200600.00	0.5%	
合计	945600.00	0.5%	

记 账 凭 证

年　　月　　日　　　　　　　　　　　　记字第　　　号

摘要	总账科目	明细科目	记账√	借方金额 千 百 十 万 千 百 十 元 角 分	记账√	贷方金额 千 百 十 万 千 百 十 元 角 分
合　计						

财务主管　　　　记账　　　　出纳　　　　审核　　　　制单

附单据　张

图 6-33　计提折旧的原始凭证和记账凭证

（33）2024 年 11 月 30 日，分配制造费用，其原始凭证和记账凭证如图 6-34 所示。

制造费用分配表

产品	生产工时（小时）	分配率（元/小时）	金额（元）
甲产品	45150		
乙产品	40116		
合计	85266	0.39	

记 账 凭 证

年　　月　　日　　　　　　　　　　　　记字第　　　号

摘要	总账科目	明细科目	记账√	借方金额 千 百 十 万 千 百 十 元 角 分	记账√	贷方金额 千 百 十 万 千 百 十 元 角 分
合　计						

财务主管　　　　记账　　　　出纳　　　　审核　　　　制单

附单据　张

图 6-34　分配制造费用的原始凭证和记账凭证

（34）2024 年 11 月 30 日,结转完工产品成本,编制完工产品成本汇总计算表,其原始凭证和记账凭证如图 6-35 所示。（月末无在产品）

完工产品成本汇总表

填制时间:

成本项目	甲产品 (5655件)	乙产品 (4155件)	合计
直接材料			
直接人工			
制造费用			
总成本			
单位成本			
合计			

记 账 凭 证

年　　月　　日　　　　　　　记字第　　号

摘要	总账科目	明细科目	记账√	借方金额 千百十万千百十元角分	记账√	贷方金额 千百十万千百十元角分
合　计						

财务主管　　　　记账　　　　出纳　　　　审核　　　　制单

图 6-35　结转完工产品成本的原始凭证和记账凭证

（35）2024 年 11 月 30 日,结转已销产品生产成本,编制已销产品成本计算表,其原始凭证和记账凭证如图 6-36 所示。

已销产品成本计算表

制单日期:

产品名称	期初结存数量	期初结存金额	本期购进数量	本期购进金额	加权平均单价	本期发出数量	本期发出金额	期末结存数量	期末结存金额
甲产品									
乙产品									
合计									

图 6-36　结转已销产品成本的原始凭证和记账凭证

记 账 凭 证

年 月 日 　　　　　　　　　　　记字第 　　号

摘要	总账科目	明细科目	记账√	借方金额										记账√	贷方金额									附单据张
				千	百	十	万	千	百	十	元	角	分		千	百	十	万	千	百	十	元	角	分	
合　计																									

财务主管　　　　　　记账　　　　　　出纳　　　　　　审核　　　　　　制单

续图 6-36

（36）2024 年 11 月 30 日，计算结转增值税，编制增值税计算表，其原始凭证和记账凭证如图 6-37 所示。

增 值 税 计 算 表

填制日期：

项目	行次	金额（元）
本月销项税额	1	
本月进项税额	2	
本月进项税额转出	3	
上期留抵税额	4	
本月未交增值税	5	

记 账 凭 证

年 月 日 　　　　　　　　　　　记字第 　　号

摘要	总账科目	明细科目	记账√	借方金额										记账√	贷方金额									附单据张
				千	百	十	万	千	百	十	元	角	分		千	百	十	万	千	百	十	元	角	分	
合　计																									

财务主管　　　　　　记账　　　　　　出纳　　　　　　审核　　　　　　制单

图 6-37　结转增值税费的原始凭证和记账凭证

（37）2024 年 11 月 30 日，计算结转本月税费，结转本月城市维护建设税和教育费附加,编制税费计算表,其原始凭证和记账凭证如图 6-38 所示。

税费计算表

填制日期:

税(费)项目	计税基数	税(费)率	金额(元)
城市维护建设税			
教育费附加			
合计			

记账凭证

年　　月　　日　　　　　　　　　　记字第　　　号

摘要	总账科目	明细科目	记账√	借方金额 千百十万千百十元角分	记账√	贷方金额 千百十万千百十元角分
合计						

财务主管　　　　　记账　　　　　出纳　　　　　审核　　　　　制单

图 6-38　结转本月税费的原始凭证和记账凭证

(38)2024 年 11 月 30 日,结转损益类账户,其记账凭证如图 6-39 所示。

记账凭证

年　　月　　日　　　　　　　　　　记字第　　　号

摘要	总账科目	明细科目	记账√	借方金额 千百十万千百十元角分	记账√	贷方金额 千百十万千百十元角分
合计						

财务主管　　　　　记账　　　　　出纳　　　　　审核　　　　　制单

图 6-39　结转损益类账户的记账凭证

(39)2024 年 11 月 30 日,计算所得税费用,其记账凭证如图 6-40 所示。

图 6-40 所得税费用的记账凭证

（40）2024 年 11 月 30 日,结转"本年利润"科目,其记账凭证如图 6-41 所示。

图 6-41 结转"本年利润"科目的记账凭证

（41）2024 年 11 月 30 日,根据规定,按 10% 提取法定盈余公积,其记账凭证如图 6-42 所示。

图 6-42 提取法定盈余公积的记账凭证

🔗 实训指导

（1）认真阅读海口市美欣工艺有限公司相关基础资料。

（2）根据所提供的资料，编制图6-13，以及图6-31至图6-38中的原始凭证，再根据资料编制本模块（2）～（41）的记账凭证。

（3）涉及材料领用、产品入库的业务，暂不做账，期末一次核算。

（4）审核记账凭证，编制银行存款日记账（图6-43）、应收账款总分类账（6-44）。

图 6-43 银行存款日记账

图 6-44 总分类账

（5）对账、结账。

（6）编制利润表（图6-45）。

利润表

编制单位：　　　　　　　　　　　　　　年　　月　　　　　　　　单位：元

项　　目	本期金额
一、营业收入	
减：营业成本	
税金及附加	
销售费用	
管理费用	
财务费用	
资产减值损失	
加：公允价值变动收益（损失以"-"号填列）	
投资收益（损失以"-"号填列）	
其中：对联营企业和合营企业的投资收益	
二、营业利润（亏损以"-"号填列）	
加：营业外收入	
减：营业外支出	
其中：非流动资产处置损失	
三、利润总额（亏损总额以"-"号填列）	
减：所得税费用	
四、净利润（净亏损以"-"号填列）	
五、每股收益：	
（一）基本每股收益	
（二）稀释每股收益	

图 6-45　利润表